OF

ZÜRICH LA BELLE EPOQUE

Attraktionen, Sensationen und Illusionen
aus der Zeit, als Zürich
eine Großstadt werden wollte

Zusammengestellt
von Walter Baumann

Orell Füssli Verlag Zürich

Xylographie am Anfang des Buches:
Im Palmen-Pavillon der alten Tonhalle 1883

Xylographie am Schluß des Buches:
In der Maschinenhalle der Landesausstellung 1883

Gegenüber dem Titelblatt:
Seegfrörni Januar 1891

© Orell Füssli Verlag Zürich 1973
Gestaltung und Druck:
Art. Institut Orell Füssli AG, Zürich
Printed in Switzerland
ISBN 3 280 00635 X

Inhalt

13 Achtzehnhundertachtzig
Oder: Als der Februar fünf Sonntage hatte

Die Welt wird heller und freundlicher.
Notre ville est devenue un Paris et un Londres.
Ein Bahnhof, größer als der Kölner Dom.
Wagemut bringt Zinsen und jeder Fremde
    Gewinn.
Die Errungenschaften der Technik werden auch
    für die Zürcher nutzbringend gemacht.
Eine wunderbare Erfindung oder eine
    technische Spielerei?
Tradition und Fortschritt wirken frisch-fröhlich
    nebeneinander.
Ein seltener Tag.
Der Glaube versetzt keine Berge,
    aber die Wissenschaft durchbohrt sie.
Ein kühner Gedanke taucht auf.
Basler Extrazüge und Frankfurter Schlittschuh-
    Virtuosen.
Zürich zählt 25000 Einwohner und über zwanzig
    Luxusanstalten der Sinnlichkeit.
Eine Menge liederlicher Frauenzimmer
    und woran man sie erkennt.
Kupplerinnen, Gelegenheitsmacher und
    Wachtmeister.
Ein Häusergewirr ist noch keine Großstadt.
Der gutgläubige Fremde täuscht sich.

**18 «Ist das ein schönes Ding, der neue Tram.
Ich danke Gott, daß er zustande kam!»**

Einführung des elektrischen Glockenzugs.
Braucht Zürich einen Tramway?
Riesbachs Omnibusversuche verlaufen im Sand.
Ein «Tramway-Club» in der Enge.
Man hat Interesse, aber kein Geld.
Die Straßenbahn kommt!
Provisorische Vorschriften für den Tramway-
    Verkehr.

Zum Eröffnungsfest der Zürchertram.
Ein peinlicher Vorfall wird kleinlich erledigt.
Der Tramway gehört zu den Toilettemitteln
    der Großstadt.
Kritik des Publikums.
3,5 Millionen Fahrgäste.
Ein rabiater Schläger.
Die Pferdebahn macht Zürich alle Ehre.

**Die Zürcher machen sich um das   28
Vaterland verdient
Oder: Die Landesausstellung 1883**

Nüchternheit – nicht im Sinne der Temperenz.
Mannigfache Schwierigkeiten und große
    Verpflichtungen.
Lob der Unbesonnenheit.
Ein Brief des Bundesrats weckt die Programm-
    kommission.
Frostige Stimmung und ein liebenswürdiger
    Vorsitzender.
Betteln ist kein vornehmes Geschäft.
Eröffnung und Glanzpunkte der Ausstellung.
Wer kennt die Völker, nennt die Namen?
Zürich hat sich um das Vaterland verdient
    gemacht!

**Die große Bauperiode   40
Oder: Vom Kloaken-Ingenieur zum
Quai-Bürkli**

Zürich schlüpft aus dem Nest.
Der Kloaken-Paragraph.
Eine einfache Vorrichtung zur Verhütung
    übler Gerüche auf den Abtritten.
Wozu die Ehgräben dienten.
Die Choleraepidemie 1867.
Die Typhusepidemie 1884.
Stimmt das würkli, Herr Bürkli?
Teure Mieten und unverschämte Mietsherren.

Das Quaibau-Projekt wird mit Vehemenz
bekämpft und mit Kanonendonner gefeiert.
Eine «dumme Frage» als teurer Spaß.
Zürich, eine der schönsten und gesundesten
Städte der zivilisierten Welt.

43 Sollen sich die Sozialisten in Zürich wohl fühlen? Oder: Die Arbeiter stören die Geschäftsordnung

Die Gründung einer Arbeiterpartei ist eine
nationale Schande.
Die Waffen der Arbeiterschaft.
Wie man wilde Sozialisten zähmt.
Die Ziele der Arbeiter.
Streiks sind nicht ungesetzlich.
Gründung des Gewerkschaftsbundes und
der Sozialdemokratischen Partei.
Der blutige Schlosserstreik.
Ein Bajonettangriff rettet die Stadt
vor großem Unheil.
Anarchisten als Bürgerschreck.
«Paris einfach...»
Die Wurzeln des Anarchismus.
Die Kirchenglocken läuten für die Kaiserin.
Die Bibel der Sozialdemokratie und das wahre
Evangelium.
Gott hat die Sozialdemokraten gewollt!
Warum sollen sich die Sozialisten in Zürich
wohl fühlen?
Wann wird dem Volke der Unsinn endlich klar?
Das kostbarste Gut eines Volkes sind seine
hervorragenden Bürger.
Ein neuer Geßlerhut auf dem Bahnhofplatz.
Taktlosigkeit und Beleidigung
haben kurze Beine.

61 Groß-Zürich oder Groß-Außersihl? Oder: Erfreuliche Nachricht aus einer störrischen Stadt

Ökonomischer und baulicher Aufschwung
der Stadt.
Der Starke ist am mächtigsten allein!
Außersihl in den roten Zahlen.
Neu-Babylon an der Limmat.
Geschichte muß gemacht werden!

Der Vereinigungsdiktator Benjamin Fritschi-
Zinggeler.
Warum sind die Ausgemeinden in Not geraten?
Was hat Zürich bedeutend und großartig
gemacht?
Wird Zürich Außersihl zugeteilt?
Die Vernunft siegt.
Wollishofen rekurriert gegen seine zwangsweise
Eingemeindung.
Erfreuliche Nachricht aus dem störrischen und
zöpfischen Zürich.

Wer war wer in Zürich? 68

Der Princeps.
Der Utopist.
Der Krösus.
Der Arbeitervater.
Die Dichterin.

Zürich, das Hauptlager der Jasser 70 Oder: Anfang und Ende der Geselligkeit

Jeder Zürcher ein geborener Vereinsmeier.
Vom ersten Trinkgelage bis zum letzten Becher.
Vereine zur Förderung der Kunst und zur
Beseitigung sozialer Übelstände.
Man sollte es nicht für möglich halten.
Mit Fächer, Frack und Chapeau-Claque.
Aus der Löffelschleife zum Lämmerhupf.
Subskription im «Carnet de bal».
Die verruchte Washington Post.
Sträußchen, Orden und Schlittenpartien.
Ein verirrtes Liebespärchen ist kein Freiwild.
Zürich, das Hauptlager der Jasser.

An Kneipen ist Zürich überreich, weil jeder, der nicht prosperiert, sogleich... 73

Wer nichts wird, wird Wirt!
Unnütze Ermahnungen gegen das Wirtshaus-
hocken.
Weinstuben, Bierhallen und Gartenwirtschaften.
Der größte Stammtisch der Schweiz.
Die staunenswerteste Schöpfung der Neuzeit.
Gut Ding will Weile haben.
Jeder sein eigener Kellner!

88 Wo barg der Fremdling sein Haupt?
Von Meuchelmördern, Tatarenfürsten
und Hochzeitspärchen

Nicht jeder Gasthof kommt für den Fremden-
    verkehr in Betracht.
Die Polizei drückt das falsche Auge zu.
Zürichs Luft und der Duft der großen, weiten
    Welt.

89 Wie es euch gefällt
Oder: Ist das Theater eine moralische
Anstalt?

Das Actientheater brennt!
Die Zürcher wollen nicht ohne Theater leben.
Schönheit aus der Schublade.
Eröffnung des Stadttheaters nach einundzwanzig
    Monaten.
Ein Institut, das sich nicht selber ernähren kann.
Der Hunger geht auch nach dem Schönen.
Operetten sind liederlich, verkommen, aus-
    geschämt und erbärmlich.
Ballette erinnern an den Greuel von Babylon.
Vom Wirtshaus zum Amüsiertheater.
Eröffnung des Floratheaters.
Ein Föhnsturm erhält sein Opfer.
Neubau und Eröffnung des Volkstheaters.
Sensationen und Attraktionen.
Was das Stadttheater dem Publikum
    vorenthielt.
Gewöhnlicher Tingeltangel und Stürme der
    Befriedigung.
Das Corso macht Konkurrenz.
Der Pfauen wird gesellschaftsfähig.

98 Die Macht der Musik:
Vom Kornhaus zur Tonhalle

Das Kornhaus soll Tonhalle werden.
Wilhelm Baumgartner stimmt und stirbt.
Einweihung der alten Tonhalle.
Sänften, Eis und Limonade.
Einweihung der neuen Tonhalle.
Hegar macht Zürich zur ersten Musikstadt
    der Schweiz.
Gratisvolkskonzerte und populäre Abende.
Der schweizerische Paganini.

Kunst und Künstler   **100**
Oder: Skandale und Sensationen

Der Kunststreit über die Fresken im Landes-
    museum.
Hodler – ein wenig begabter Maler und eine
    anerkannt mangelhafte Leistung.
Das schwachköpfige Publikum entzückt sich
    an gemeinen Werken.
Die Zürcher Künstler kämpfen für ihren Stand.
Das Ende des Künstlergütlis.
Rudolf Koller – «der bedeutendste Tiermaler
    aller Zeiten».
Arnold Böcklin hat eine fixe Idee.
Der Stein des Anstoßes und der Sturm im
    Wasserglas.
Ein Bild zeigt, woran unsere Zeit krankt.
Bildhauer und Zoobesitzer.
Karl Stauffer – der Fall eines Genies.
Gründung der Gottfried-Keller-Stiftung aus dem
    Erbe Alfred Eschers.
Abschied vom Künstlergütli und Eröffnung
    des Kunsthauses.

Limmat-Athen um die Jahrhundertwende. **116**
Ansichten und Einsichten
Sebastian Gäuggelis

Eine veritable wahrhaftige Großstadt.
Unglaubliche Bildung und ein ungeheures
    Bildungsbedürfnis.
Unverwüstliche Genußfähigkeit und un-
    verdorbene Sinnenfreudigkeit.
Wohin wollen wir gehen?
Posaunende Engel und Wagners Hund.
Vieles ist Quatsch!
Ernst ist das Leben, und die Kunst erntet
    Heiterkeitserfolge.

Poetische Occasionen der   **118**
Jahrhundertwende

Der Zürichberg.
Kunstpause.
Das Restenparadies.
Das Alte ehren, dem Neuen wehren!
Schmieren ist keine Kunst.
Das Droschkenwesen krankt.
Die Frau kommt aufs Rad.

120 Sorgen haben die Leute

und was der Briefkastenonkel dazu meint.

**126 Vom Panoptikum zum Kinematographen:
Als die Bilder laufen lernten**

Die Chromotechnekataractapoikile bietet einen
　　ästhetischen Genuß.
Pioniere und Publikum.
Mit Tricks und Ton.
Die verkehrte Welt.
Mit Motorrädern und Pistolen.
Sensationslust und Sinneskitzel.
Stummheit – die magischste aller Sprachen.

**129 Der Höhepunkt der Schrecken:
Die Maschinen sprechen!**

Die menschliche Sprache ist konserviert.
Musiktankstellen und das possierliche elektrische
　　Klavier.
Giant bietet vollkommenen Genuß.
Amüsante Selbstaufnahmen und bedeutende
　　Kunstveranstaltungen.
Ein akustisches Experiment inspiriert einen
　　dekadenten Tonkünstler.

**131 Das Wettrennen Paris–Wien 1902
Oder: Die ersten Automobile wirbeln
Staub auf**

Die Automobilisten kommen!
Drachenartig schnaubende Ungeheuer.
Vorsintflutliche Kämpfer mit glasbewehrten
　　Lederhemden.
Stücklikästen und Schnitztröge.
Das Automobil wird kaum populär werden.
Geschwindigkeitsexzesse und wie sich die
　　St. Galler dagegen wehrten.

**142 Eine kleine Zürcher Autologie
Oder: Bereift sein ist alles!**

Pioniere, Konstruktionen und Konstrukteure:
Der Schweizer Autopionier.
Die ersten Autler.
«Excelsior», eine sehr gepflegte Ausführung.
«Orion» mit dem ersten Unterflurmotor.
«Ajax» mit sympathischen Details.

«Millot» hat zuviel Luxus.
«Turicum», die Zürcher Weltmarke.

**Es ist erreicht!　　　　　　　　　　144
Oder: Wird die Menschheit den
Fortschritt überstehen?**

Die Technik als moralische Kraft.
Der Fortschritt ist heilig, aber die Menschen
　　leben in seelischer Armut.
Der Streß beginnt.
Das Schreckhorn verliert seine Schrecken,
　　und die Jungfrau bietet sich fahrplanmäßig an.
Das Auto wird zum Sündenbock des Unbehagens
　　in der Kultur.
Weniger Raubüberfälle und eine strammere
　　Polizei werden gewünscht.
Der deutsche Kaiser kommt und bleibt zu seinem
　　Glück nicht lange.
Genosse Mussolini spricht zu den Gastarbeitern.
Lenin versammelt die Revolutionäre und
　　bezeichnet die Schweizer als Opportunisten.
Nobs will nichts von Lenin wissen.
Spelterini ist von den Zürchern und ihren
　　Behörden entzückt.
Gordon-Bennett-Wettfliegen für Freiballone.
Flugzeuge «schwerer als Luft» in Dübendorf.
Der Untergang der «Titanic».

**Der unmögliche Krieg　　　　　　　157
und das Gebet des neuen Menschen**

Ausbruch des Ersten Weltkrieges.
Die Freude der Kanoniere.
Europa erwacht aus einem schönen Traum.
Zürich wird zum Zentrum ausländischer
　　Pazifisten.
Internationaler Treffpunkt Café Odeon.
Dada ist da!
Was die Dadaisten wollten, und wie man sie
　　verstand.
Arbeiterspaziergänge durch die Villenquartiere.
Ein Dichter vertauscht das Gewehr mit der Feder.
Die spanische Grippe.
Der Landes-Generalstreik.
Die Waffen ruhen.
«Der Aufbruch des Herzens».
Im kommenden Frühling...

Durch die Landesaus-
stellung 1883 wurde der
Platzspitz, die alte Platzpromenade, wieder als
Spazierparadies entdeckt.
Der Springbrunnen
befand sich auf dem
Hauptplatz der Aus-
stellung. Der Musik-
pavillon steht heute noch.
Bild: Sommer 1890

Seiten 10/11: Sonntags-
stimmung am Schiffsteg
Bürkliplatz. Um 1912

Achtzehnhundertachtzig
Oder: Als der Februar fünf Sonntage hatte

Achtzehnhundertachtzig. Da war der Großvater, der später die Großmutter nahm, noch sehr jung. Sein Vater hatte in seiner Jugend noch den Fröschengraben gesehen und vielleicht mit anderen 15000 Schaulustigen der letzten öffentlichen Hinrichtung in Zürich beigewohnt. Aber das war noch ein letztes Stück Mittelalter und nun endlich und endgültig vorbei. Um 1880 wurde die Welt heller und freundlicher. Die öffentliche Gasbeleuchtung brannte in Zürich bereits mit über hundert Lampen, am Polytechnikum und an der Universität lehrten Leuchten der Wissenschaft. Und unter den Studenten saßen erstmals in Europa auch Studentinnen. Aber auch sonst brauchten die Zürcher ihr Licht nicht unter den Scheffel zu stellen. Im Gegenteil. Schon 1839 hatte ein von der Wanderschaft zurückgekehrter Zürcher nach Paris geschrieben: «J'ai trouvé des changements presque dans toutes les rues de Zurich. Notre ville est devenue un Paris et un Londres. Elle s'est agrandie énormément, les boutiques sont à la parisienne, on a fait des quais, des ponts, des promenades, de nouveaux arsenaux, une nouvelle poste, d'une grandeur comme un palais royal.»

Und das war erst der Anfang. In der Zwischenzeit hatte man – mit größerer Mühe, als man dachte – das Rennwegtor geschleift, die Stadtmauern abgetragen und Zürichs «Champs-Elysées», die Bahnhofstraße, gebaut. Vor wenigen Jahren erst war das Hauptgebäude des neuen Bahnhofs dem Betrieb übergeben worden. Es wurde nicht einfach in Betrieb genommen. Eine Feier gehörte dazu, an der diesmal auch das verehrliche Publikum seinen Anteil hatte: «Der Bahnhof war am 15. Oktober 1871 vollendet und stand folgenden Tages zur Besichtigung offen. Eine bewundernde Menge wälzte sich durch die riesige Halle und die glänzend erleuchteten Wartsäle mit ihren schwellenden Polstern, mit den Spiegeln, Buketts und plätschernden Brunnen, und nicht am wenigsten wurde der Luxus der Wirtschafteinrichtungen und die ‚Noblesse' der Toiletten bestaunt.»

Überhaupt dieser Bahnhof! Er war das großartigste Gebäude der Stadt und «einer der schönsten Bahnhöfe Europa's». Im grandiosen Stile der Renaissance gebaut, war die kolossale Einstieghalle weit größer als der Kölner Dom.

Und daß es ein Kopfbahnhof war und nicht einfach eine Durchgangsstation, machte die Sache erst recht interessant. Hier mußten die Fremden aussteigen, durch den «Triumphbogen des Bahnhofportals» treten und Zürichs Parade-Boulevard heraufkommen. Herr Christof Ziesing-Baur, Hotelier und Gastwirt im «Baur en Ville», rieb sich die Hände. Schon sein Schwiegervater hatte es immer gesagt: die Stadt müsse ihre Tore dem internationalen Verkehr öffnen, in der Hinwendung zum Großstädtischen liege Zürichs Zukunft. Nur Wagemut bringe Zinsen, und jeder Fremde, der hier absteige, sei für Zürich ein geistiger und wirtschaftlicher Gewinn. – In wenigen Jahren hatte sich der Verkehrswert von Ziesings Haus verdoppelt, und ein Jahr nach der Bahnhoferöffnung verkaufte er es zu einem honetten Preis.

Ja, wer um 1880 lebte (und zur Gesellschaft gehörte), hatte eine gute Zeit vor sich. Die Moderne brach an, und der Fortschritt trug Siebenmeilenstiefel. Hatte nicht Edison eben die Glühlampe erfunden und ein gewisser Spelterini, der eigentlich Opernsänger werden wollte, mit seinen ersten Ballonversuchen Schlagzeilen gemacht? Es lag etwas Neues in der Luft, und wer eine feine Nase hatte, verspürte es von Tag zu Tag deutlicher.

13

«Die Errungenschaften des 19. Jahrhunderts auf dem Gebiete der Technik, des Verkehrs und insbesondere derjenige der Entwicklung der Verkehrsmittel werden auch für Zürcher in reichem Maße dienstbar und nutzbringend gemacht», wurde damals von höchster Stelle geschrieben.

Daß das keine leeren Versprechungen waren, konnten die Gäste des eidgenössischen Sängerfestes im Juli 1880 selber erleben. Der bekannte Elektriker Herr W. Ehrenberg hatte an verschiedenen Punkten der Festhalle bei der alten Tonhalle Telephon-Stationen eingerichtet, die «eine nahezu vollkommene Übermittlung der Sprache auf electrischem Wege ermöglichten». Mit maßlosem Staunen konnten sich die Sänger von der Wirklichkeit und Brauchbarkeit dieser wunderbaren Erfindung überzeugen. Natürlich hatte auch das Telephon, wie alles Neue, mit viel Mißtrauen und Geringschätzung zu kämpfen. Man betrachtete es mehr als amüsante Spielerei einer auf äußere Effekte versessenen Zeit, und sogar die «Neue Zürcher Zeitung» vermutete, das Telephon werde so schnell wieder verschwinden, wie es gekommen sei. Dabei lag schon seit dem April beim Stadtrat ein Konzessionsgesuch für ein Telephonnetz vor. Noch im selben Jahr trat der Stadtrat – natürlich mit gegebener Vorsicht – darauf ein. Im Auftrage der «Zürcher Telephongesellschaft» richtete die New Yorker «International Bell Co.» im August 1880 ein 200 Abonnenten umfassendes Telephonnetz ein, die erste öffentliche Telephonanlage auf dem Kontinent.

Unter uns gefragt: War das nun der Beginn einer neuen Epoche, der Bruch mit der kleinbürgerlichen, kleinstädtischen Welt, die den Limmat-Athenern so lieb war? Man sagte im Rat und am Stammtisch ja und nein zu dieser Entwicklung. Etwa so, wie es etwas später das Offizielle Verkehrsbureau ausdrückte: «Mag nun Zürich auf dem Wege sein, mehr und mehr eine Stadt von kosmopolitischem Charakter zu werden – es bleibt uns die Gewißheit, daß die uralte Triebkraft seines geistigen Lebens auch in den Gesellschaftsformen seiner Zukunft frisch und fröhlich fortwirken wird.»

Übrigens: Wann begann die Belle Epoque eigentlich? Weder ihr Anfang noch ihr Ende ist wissenschaftlich genau fixiert. Für Zürich dürfen wir als Auftakt zu dieser friedlichen, fortschrittsgläubigen «guten alten Zeit», die damals die Zukunft war, ein Ereignis betrachten, das sich fast auf die Minute genau bestimmen läßt:

Am 29. Februar 1880 – es war der so selten eintretende fünfte Sonntag des Schaltmonats – verkündete gegen die Mittagsstunde Kanonendonner von der Höhe des Polytechnikums herab, daß der Durchstich des Gotthard vollzogen sei. Der am 4. Juni 1872 begonnene Bau des Gotthardtunnels war von der Weltöffentlichkeit in der gleichen Aufmerksamkeit verfolgt worden wie der kurz zuvor beendete Bau des Suezkanals. Man hatte den Berg von beiden Seiten her angebohrt und wollte sich in der Mitte treffen. Der Mensch hatte sich mit seinem technischen Können gleichsam ins Unbekannte vorgewagt, und die Berichte über Fortgang und Schwierigkeiten der Arbeit hielten die Zeitungsleser während Jahren in Atem. Nun also war es soweit.

Der Jubel zwischen Mailand und München übertönte sogar die schwere Finanzkrise, in der Europa eben steckte. Kaiser Wilhelm, König Umberto und der Schweizer Bundesrat sandten Glückwunschtelegramme an die Gotthard-Gesellschaft. Selbst Alfred Escher, der Begründer der Gotthardbahn-Idee, der – für die Kostenüberschreitungen von 100 Millionen Franken verantwortlich gemacht – vor einem Jahr vom Präsidium der Gesellschaft zurückgetreten war und gegenwärtig mit Hustenanfällen und seiner eigenwilligen Tochter in Paris im Hotel «Meurice» weilte, wurde in dieser Stunde der Verbrüderung zwischen Nord und Süd nicht ganz vergessen: Die Gemeinde Enge, auf deren Gebiet Eschers Villa Belvoir stand, widmete ihm eine Dankadresse. Die Zeitungen – es gab damals 34 in der Stadt – überboten sich in Lobeshymnen auf die Größe der Technik und den Wagemut der Männer, die dem Fortschritt zum Siege verhalfen. Eine besondere Note schlug die «Zürcher Post» in ihrer Dienstagnummer an:

«Ehre, wem Ehre gebühret, und da meinen wir, gehört der erste und vollste Kranz der Wissenschaft. Der Glaube vermag keine Berge mehr zu versetzen, aber die Wissenschaft durchbohrt sie. Alle Völker feiern erst in der Naturwissenschaft eine nach dem Höchsten strebende, vorurtheilsfreie Vereinigung und werden sich ihres Zieles durch gemeinsames Ringen freudig bewußt. Sie vergessen, daß sie Deutsche, Schweizer, Italiener oder Franzosen sind, und verwandeln den engherzigen, bornierten Nationalstolz in das erhebende Gefühl der Weltangehörigkeit. Die Wissenschaft baut die Wege der Zukunft, sie sprengt die Felsen, sie beseitigt die alten Wälle und macht, daß Luft und Licht in die dumpfen Völkerstuben dringt. Sie sei gesegnet für ihre Arbeit am Gotthard – aber gesegnet seien auch die Proletarierfäuste, deren sie sich bediente!»

Der schwedische Schriftsteller August Strindberg schrieb eine Novelle über diesen Tag, und J. Hardmeyer-Jenny – Redaktor und Zürcher Lokalpoet – blickte drei Jahre später in der Zeitung zur Zürcher Landesausstellung noch einmal auf diesen denkwürdigen 29. Februar zurück:

«Tausende von Spaziergängern blickten an jenem schönen Sonntagnachmittag südwärts zu dem schneeglänzenden Kranz der Berge, wo rechts an der Pyramide des Bristenstocks in der dunklen Tiefe des Alpenwalls die letzte Schranke gefallen war, welche den Süden vom Norden trennte, und jede Unterhaltung bewegte sich um das inhaltsschwere Ereignis und seine Folgen. In einem kleinen Kreis von Freunden tauchte an jenem Abend des 29. Februar der Gedanke auf, die nun in erreichbarer Nähe stehende Eröffnung der Gotthardbahn durch eine schweizerische Landesausstellung zu feiern, und aus der lebhaften Diskussion ging die Idee siegreich hervor.»

Der Februar 1880 war für Zürich in gesellschaftlicher Hinsicht überhaupt ein denkwürdiger Monat. Seit Menschengedenken war der See noch nie so gut zugefroren wie in diesem Winter, ein Paradies für Schlittschuhläufer. Vom ersten Februar-Sonntag berichtete die «Freitagszeitung», daß sich «60–80 000 Menschen auf dem See herumtrieben. Etwa 60 Wirtschaften waren errichtet worden und es entwickelte sich ein Leben und Treiben wie an einem Volksfeste.»

Die Züge von Basel, Aarau und Winterthur brachten Scharen von Besuchern. «Noch lebhafter ging es am folgenden Sonntag zu; allein Reinhardt's Bureau national (für Vermittlungen und Placierungen) brachte in einem Extrazug von Basel 567 Besucher und selbst von Frankfurt kamen einige ‚bewährte Schlittschuh-Virtuosen‘. Die Freude wurde diesmal um so weniger gestört, als nicht mehr übermütige Reiter und Schlittenlenker in die Menge schreckend und gefährdend eindringen durften, während dann allerdings abends eine überfröhliche Jugend durch unvorsichtiges Hantieren mit ihren Fackeln den Leuten lästig wurden. Den wahren Schluß aller dieser Feste machte der Fackeltanz des Seeklubs und seiner Dämchen, die Feuerwerke und Illuminationen anstehender Herrenhäuser – eine wahre italienische Nacht!»

Aber auch sonst ereignete sich im Jahre 1880 in Zürich einiges, das sich im Tagebuch des Chronisten von den flüchtigen Zeitereignissen bemerkenswert abhob. Die im Herbst durchgeführte Volkszählung ergab, daß die Stadt die Zahl von 25 000 Einwohnern eben überschritten hatte. Die Gemeinderäte Zürichs und der Umgebung gründeten einen Verein zum Studium der Stadtvereinigung, die der Limmatstadt endlich jene «äußere Größe geben sollte, die sie auch in geistigen Dingen für sich beanspruchte». Zürich war damals längst über seine politischen Grenzen hinausgewachsen und bildete mit den angrenzenden Gemeinden ein Häusermeer, in dem die grünen Inseln von Jahr zu Jahr kleiner wurden. Ein wichtiger, wenn auch nicht öffentlich diskutierter Grund für eine Zusammenlegung der Gemeinden war der Kampf gegen das zunehmende Bordell-Unwesen.

Schon zehn Jahre zuvor hatte eine bei den Ärzten des Kantons Zürich durchgeführte Umfrage ergeben, daß «anerkanntermaßen die Bordelle der Herd der Laster, die Pflanzstätten der Pro-

15

stitution und überdies eine Luxusanstalt für die Sinnlichkeit seien, da für die einfache Befriedigung des Geschlechtstriebes (wenn überhaupt nötig) genug Gelegenheit geboten werde». Aber die Befugnisse des Stadtrates reichten damals nicht über die Grenzen des heutigen ersten Stadtkreises hinaus; jenseits der Sihlbrücke und außerhalb der Rämistraße begannen bereits die von der Stadt unabhängigen «Ausgemeinden». Vor allem Hottingen, Riesbach und Außersihl profitierten von jedem Versuch der Stadt, das Dirnenwesen zu unterdrücken. Aber auch in der Stadt selber entwickelten sich oft seltsame Praktiken. Von der Kirchgemeinde Predigern erhielten im Jahre 1874 Polizisten, die mit Erfolg Anzeige gegen Kuppelei machten, eine Prämie von fünfzig Franken; für den Fall des gänzlichen Verschwindens der Bordelle am Seilergraben und am Predigerplatz wurden dem Polizeikorps sogar tausend Franken in Aussicht gestellt.

Die Dienst-Instruktionen für das Zürcher Polizeikorps aus dem Jahre 1864 enthielten übrigens einen längeren Passus über die Verbrechen gegen die Sittlichkeit, der um so bemerkenswerter ist, als das puritanische 19. Jahrhundert in seinen gewissermaßen «offiziellen» Dokumenten dieses Thema peinlich verschwieg. Daß die Prostitution damals in voller Blüte stand, verrät uns ein Auszug aus diesem Geheimpapier:

«In den Städten und größeren Ortschaften kann die Duldung einzelner prostituierter Dirnen trotz aller Mühe unmöglich umgangen werden. Es **Eine Menge** giebt eine Menge liederlicher Frauenzimmer, **liederlicher** welche nicht von der Prostitution abzubringen **Frauenzimmer...** sind; je stärker die polizeiliche Aufsicht ist, desto versteckter wird das Gewerbe ausgeführt.

Gegen Weibspersonen, welche nur von einzelnen Männern unterhalten werden, darf nicht mit allzugroßer Strenge verfahren werden, um nicht in das Familienleben einzugreifen. Bei der Aufgreifung liederlicher Dirnen ist mit großer Vorsicht zu Werke zu gehen, damit nicht eine Verwechslung eines unschuldigen Frauenzimmers mit einer prostituierten Dirne eintritt. Solche Verwechslungen erregen gewöhnlich großes Aufsehen.

16

Die prostituierten Dirnen pflegen bei ihren Pro- **...und woran man** menaden auf der Straße gewisse Kennzeichen an **sie erkennt** den Tag zu legen; diese sind für Jedermann verständlich genug. Die Mädchen gehen an derselben Stelle hin und her; erregen sie die Aufmerksamkeit eines Mannes, so bleiben sie stehen und sehen sich um, während ein anständiges Mädchen schnell von dannen eilt. Oft tragen sie ein leeres Körbchen in auffälliger Weise am Arm, heben die Kleider übermäßig in die Höhe und haben einen Schlüssel in der Hand, zum Zeichen, daß sie ein Zimmer zur Verfügung haben.

Ferner giebt es ältere Frauen, welche auf der Promenade oder in Vergnügungslokalen als die Begleiterin der liederlichen Dirne auftreten und bald als Mutter, bald als Tante figurieren; diese Kupplerinnen sind gewöhnlich ausgediente Lohndirnen, welche das Alter aus den Reihen der Prostitution vertrieben hat. Außer den Kupple- **Kupplerinnen,** rinnen im eigentlichen Sinne des Wortes giebt **Gelegenheitsmacher...** es noch männliche und weibliche Gelegenheitsmacher, welche den Dirnen in einzelnen Fällen Herren zuweisen, oder umgekehrt den Männern gegen eine gewisse Vergütung Weibspersonen zuführen. Eine derartige Thätigkeit entwickeln namentlich Fremdenführer, Droschkenkutscher und Portiers in den Gasthöfen.»

Auf welche Weise sich die «Belegschaft» der Zürcher Bordelle gelegentlich rekrutierte, läßt Frank Wedekind in seiner Novelle «Das Opferlamm» eine junge Münchnerin erzählen, die von ihrem Galan nach Zürich gebracht und hier sitzengelassen wurde:

«Mein Geliebter hatte mir gesagt, daß es in Zürich Frauen gäbe, die junge Mädchen zu sich nähmen, um sie zu verkaufen und bis aufs Blut auszusagen. Ich fragte einen Polizisten, der mich an der Straßenecke sitzen sah, wo solch eine Frau wäre. Er fragte mich, ob ich schon einmal dort gewesen sei, und ich sagte ‚ja'. Darauf nahm **...und Wachtmeister** er mich am Arm und führte mich zum Wachtlokal. Dort saß ein Herr mit rotem Gesicht, einem schwarzen Schnurrbart und einer blauen Brille und fragte mich wieder, ob ich schon bei einer solchen Frau ‚gearbeitet' hätte. Und ich sagte wieder ‚ja'. Dann fragte er, wo denn das gewesen sei, und ich zeigte mit dem Finger irgendwohin; ich sei ganz fremd hier, ich sei heute zum erstenmal fortgegangen und ich könne mich nicht zurückfinden. Darauf gab er mir zwei Polizisten mit, und die brachten mich – na eben – hierher ...»

Als 1880 ein paar minderjährige Mittelschüler in einem der über zwanzig Zürcher Bordelle aufgegriffen wurden, schlossen sich empörte Männer und Frauen zum «Verein zur Hebung der Sittlichkeit» zusammen. 1881 hob Riesbach seine öffentlichen Häuser auf; aber zwei Jahre später waren neuerdings Bordelle im Betrieb. Die Gemeinde erwog eine Klage, sah dann aber davon ab, «weil möglicherweise ein künftiger Gemeinderat einen anderen Standpunkt einnehmen möchte». Tatsächlich führte dann die Frau des neuen Gemeindepräsidenten jahrelang ein frequentiertes Prostitutionshaus.

Ein treffendes Bild nicht der sittlichen, aber der geographischen und gemeindepolitischen Lage gibt uns ein damals erschienenes Orientierungsbuch des Verkehrsvereins:

«Über der Vorstadt Enge erhebt sich der düstere Uto und am Ufer des Sees reiht sich Dorf an Dorf. Auf dem anderen Ufer dehnt sich die Fläche des Seefeldes mit Riesbach aus, hinter dem Moränenhügel der baumbepflanzten hohen Promenade liegen die Vorstädte Hottingen und Hirslanden, auf dem Bergabhang des Zürichbergs die Gemeinden Fluntern, Oberstraß und Unterstraß, welch' letztere sich bis zum Limmatufer hinabsenkt; drüben aber, im weiten Sihlfeld und gegen den Uto hin dehnen sich, von Jahr zu Jahr sich vergrößernd, Außersihl und Wiedikon aus.

Ein Häusergewirr ist noch keine Großstadt

Das Häusergewirr, welches am Ende des Sees den Thalgrund füllt und sich an den Höhen hin aufbaut, erscheint dem Fremden selbstverständlich als eine große, in sich abgeschlossene Stadt. Wir würden ihm diesen Glauben gerne lassen, wenn nicht die Thatsächlichkeit der Verhältnisse uns zwänge, ihm mitzutheilen, daß er sich täuscht: nicht weniger als zehn selbständige Gemeindewesen theilen sich in diesem Umkreis, und sind mannigfach ineinander verschränkt und verflochten. Hoffentlich wird eine nahe Zeit die unnatürlichen Grenzen auslöschen und das ganze große Wohngebiet zwischen und an den beiden Thalhängen zu *einer* Stadt zusammenfügen, welche beweisen wird, daß Einheit mehr ist, als sich spreizende Zehnspältigkeit.»

Der gutgläubige Fremde täuscht sich

«Ist das ein schönes Ding, der neue Tram.
Ich danke Gott, daß er zustande kam!»

Daß die zunehmende Ausdehnung der Stadt früher oder später nach neuen Verkehrsmitteln verlangen würde, war noch nicht selbstverständlich. Die Zürcher dachten in Dingen des täglichen Lebens im allgemeinen recht konservativ. Zwar fehlte es zu keiner Zeit an weitschauenden Köpfen, aber die Mehrheit der Bürger «baute billigerweise auf das Bewährte und hing heidenmäßig am Hergebrachten». Eine kleine Episode, die Professor Gustav Adolf Tobler um die Jahrhundertwende über den anfangs der sechziger Jahre in Zürich eingeführten «elektrischen Glockenzug» berichtete, hat in dieser Beziehung etwas Gleichnishaftes an sich: «Manche unserer älteren Leser erinnern sich noch des nachhaltigen Eindrucks, den die sauberen weißen Porzellantaster an den Haustüren auf sie machten; es war etwas Geheimnisvolles damit verbunden. Nur wenige unter uns damaligen Schuljungen hatten einen annähernd richtigen Begriff von der Sache. Etwas Furcht vor etwaigen Schlägen macht einen anfänglich ängstlich, man ließ lieber die Hände davon, bis man die Ungefährlichkeit einsehen lernte – sehr zum Ärger der betreffenden Hausbesitzer.»

Diese Zurückhaltung allem Neuen gegenüber zeigte sich beim Vorschlag, in Zürich eine Straßenbahn einzurichten. Natürlich ging es nicht um eine «Elektrische», denn diese war damals noch gar nicht erfunden; aber die «elegant dahineilende Pferdebahn», 1857 in New York erstmals im Stadtverkehr verwendet, hatte sich schon Paris, London, Lyon und Berlin erobert. Als 1865 – im gleichen Jahr, in dem in Zürich die Straßennamen und Hausnummern eingeführt wurden – der Stadtingenieur einen «Bericht an den tit. Stadtrat von Zürich über Straßenbahnen und Eisenbahnen in Städten» abfaßte, da diese ein wirksames Mittel zur Hebung des Verkehrs

und eine Wohltat für das Publikum seien, fand er damit kaum Beachtung. Am wenigsten bei den Zürchern selber, die für solche Experimente wenig Sinn und noch weniger Geld hatten. In der damals schnellwachsenden Gemeinde Riesbach hingegen, welcher der 1780 hingerichtete Pfarrer Waser noch nachgesagt hatte, «sie wäre eher von Nehmikon als von Gebikon», herrschte ein anderer Geist: Als Antwort auf Bürklis «Tramway-Abfuhr» richtete der Lohnkutscher Furrer mit Gemeindesubvention einen Omnibusdienst ein, der aber nach vier Jahren wieder aufgegeben werden mußte, weil sich die verehrten Fahrgäste weder nach den Haltestellen noch nach den Abfahrtszeiten richten wollten. Auch drei weitere Versuche verliefen im Sande. Erst im Oktober 1876 brachte ein von Gemeinderat P.E. Huber-Werdmüller, dem Gründer der Maschinenfabrik Oerlikon, im Auftrage der Riesbächler eingereichtes Konzessionsgesuch für eine Pferdebahn-Linie bis zur Stadtgrenze die Tramfrage ins Rollen. Zusammen mit seinem Freund Arnold Bürkli erhielt Huber von der Zürcher Gemeindekommission den Auftrag, über die Sache einen eingehenden Bericht zu verfassen. Dieser kam zum Schluß, eine rationell angelegte Straßenbahn liege so sehr im Interesse der Stadt und ihrer Nachbarn, «daß es sich sogar rechtfertigen würde, aus öffentlichen Mitteln dafür Opfer zu bringen». Das schien den Zürcher Ratsherren nun doch zuviel verlangt, hatte man doch schon alle Mühe, die Öffentlichkeit von den Vorteilen einer Straßenbahn zu überzeugen.

In der Gemeinde Enge bildete sich im Februar 1879 ein «Tramway-Club», und in Riesbach beschloß eine Volksversammlung sogar die «Einleitung einer Massenpetition für das moderne Verkehrsmittel». Das Drängen der Nachbargemeinden und die Kunde, daß in Berlin bereits

Das Zürcher
Sommertram begegnet
am Talacker
dem Laternenputzer.
August 1883

Rößlitram und
Limmatschiff waren der
Stolz der Zürcher.
August 1883

Sonntagsspazier-
gänger am Limmatquai
September 1883
(Baugesch. Archiv Züri

Die letzte Fahrt des Rößlitrams auf der Strecke Hornbach–Bahnhofstraße am 5. August 1900. Vor der Wirtschaft «Zur Friedensburg» im Seefeld wird dem Fahrpersonal ein Trunk kredenzt

Schwamendingen, das erst 1934 zur Stadt kam, war mit dieser von 1906 bis 1931 durch eine Zweiglinie der Straßenbahn Zürich-Oerlikon-Seebach verbunden. Aufnahme um 1908 an der Endstation Hirschen

Tram der Städtischen Straßenbahn an der Haltestelle Central. Die Stirnwandstange a Motorwagen bot angefahrenen Fußgänger die Möglichkeit, sich festzuklammern. Aufnahme um 1909

eine «Elektrische» in Betrieb genommen werde, veranlaßte die Stadt, sich 1881 mit Riesbach, Enge und Außersihl zu einigen und zur Bewerbung um die Konzession von Straßenbahnen aufzurufen.

Man hat Interesse, aber kein Geld Die Straßenbahn-Kommission, zu deren Präsident der Zürcher Stadtingenieur Arnold Bürkli gewählt wurde, mußte auf fremde Bewerber abstellen, da die Gemeindeversammlungen jede finanzielle Beteiligung verweigerten. Die geplanten Quaibauten und die bevorstehende Landesausstellung drängten zum Handeln. Die Konzession für den Straßenbahnbau wurde schließlich der Londoner Firma Meston & Co. zugesprochen, da sie sich ohne Zögern verpflichtete, selber 450000 Franken Straßenbahnaktien zu übernehmen. Dieser Vertrauensbeweis führte zu einem Umschwung der öffentlichen Meinung: statt der ausgeschriebenen 400000 Franken wurde der volle Aktienbetrag von 850000 Franken gezeichnet.

Die Straßenbahn kommt! Im Frühling 1882 wurde mit den Geleisearbeiten begonnen, und schon vier Monate später, vom 5. bis 28. September, nahm man die drei Linien «Seefeld–Limmatquai–Bahnhof–Paradeplatz», «Paradeplatz–Stockgasse» (Enge) und «Helmhaus–Paradeplatz–Zentralfriedhof» (Außersihl) in Betrieb. Am Vortage der Eröffnung der Riesbacher Linie hatte die Straßenbahn-Kommission im Tagblatt «Provisorische Vorschriften für den Tramway-Verkehr» erlassen, die folgende Vorsichtsmaßregeln und Betriebsbestimmungen enthielten:

Provisorische Vorschriften für den Tramway-Verkehr «Die Tramway-Wagen dürfen auf geraden Strecken nicht schneller als im Trab fahren. Auf Strecken, welche nicht auf eine zum Anhalten genügende Länge übersehen werden können, ist im Schritt zu fahren. Der Tramway-Kutscher ist gehalten, den auf dem Geleise befindlichen Personen und Fuhrwerken die Annäherung des Tramway-Wagens durch Signale bemerkbar zu machen, immerhin unter Vermeidung unnöthigen Lärms.

Das rote Dolder-Tram führte 1899–1930 von der Endstation der Seilbahn beim Waldhaus Dolder zum Grand Hotel Dolder, das am Auffahrtstag 1899 eröffnet wurde

Das Abladen von Holz und Steinen und sonstigen hindernden Gegenständen, sowie die Vornahme von gewerblichen oder andern Arbeiten auf dem Geleise, ebenso das Nachahmen der Signale und alle sonstigen Handlungen, welche eine Störung des Tramway-Betriebes veranlassen können, sind polizeilich untersagt. Die Verantwortung trifft den Thäter und in Fällen, wo es sich um Fuhrwerke und Thiere handelt, den Eigenthümer.

Die zur Verwendung kommenden Pferde müssen vollkommen diensttauglich sein. Im Streitfall entscheidet der Bezirksthierarzt. Im Sommer sind die Pferde mit Schutzmitteln gegen Insekten zu versehen. Die Konducteure und Bahnwärter und die ihnen vorgesetzten Angestellten der Tramway-Unternehmung haben Rechte und Pflichten von Polizeiangestellten. Für richtige Erfüllung ihrer diesfälligen Obliegenheiten werden dieselben vom Statthalteramt ins Handgelübde genommen.»

Als Ausdruck der allgemeinen Sympathie, die in Zürich für das neue Verkehrsmittel empfunden wurde, spannte der ehemalige Lehrer, unermüdliche Gelegenheitspoet und spätere «Pressechef» der Landesausstellung Hardmeyer-Jenny seinen fleißigen Pegasus auch vor das «Rößlitram»:

Zum Eröffnungsfest der Zürchertram

Ist das ein schönes Ding, der neue Tram!
Ich danke Gott, daß er zustande kam.
England hilft gern, England hilft überall.
Das war nun auch bei uns der Fall.
Dank ihm läuft nun der Tram.
Für dreißig Rappen nur,
Fahr ich ins Seefeld jetzt, hin und retour.
Abwechslung gibt's auch, wenn per Tram man reist:
Es ist gesorgt, daß es etwa entgleist.
Wie gerne helf' ich lupfen, stoßen dann,
Ein allzeit eifrig hülfsbereiter Mann.
Die Satisfaktion, wenn's wieder eingeschnappt,
Das Rößlein anzieht und von dannen trabt!
Ob's Dividenden gibt? Zu wünschen wär' es sehr.
Gibt's keine – nun ich bin kein Aktionär.
Dank sei Herrn Meston und ein feurig Hoch!
Erleichtert er uns unsern Wandel doch.

Wenige Tage nach der Eröffnung ereignete sich ein Verkehrsunfall, für den die Straßenbahnge- **Ein peinlicher Vorfall wird kleinlich erledigt**

25

sellschaft wenig Lob erntete: Der achtjährige Zögling des Waisenhauses Julius Czerpien hatte am Bettag 1882 von der Gotte einen Batzen erhalten, mit dem er einmal mit dem Rößlitram fahren wollte. Als er an das Limmatquai kam, sah er zwischen dem oberen und dem unteren Mühlesteg das Tram daherkommen. Er sprang auf die vordere Plattform, auf der ein Ablöser und der Fuhrmann standen. Dieser, in der Meinung, da wolle schon wieder einer gratis mitfahren, schlug mit der Peitsche nach Julius. Der Knabe fiel direkt unter die Räder. Einen Sanitätsdienst gab es damals noch nicht, und der Fahrer einer Droschke weigerte sich, den Verletzten aufzunehmen, weil dadurch die Polster blutig geworden wären. Erst nach anderthalb Stunden wurde der Knabe ins Spital eingeliefert. In seiner verkrampften Hand hielt er immer noch den Batzen.

Im Spital mußte ihm ein Bein abgenommen werden. Obwohl die Gesellschaft keine direkte Schuld traf, verfügte die Stadtpolizei die sofortige Einstellung des gesamten Betriebes. Nach einem sofort eingereichten Rekurs durften die Tramwagen nach mehrstündiger Unterbrechung wieder ausfahren. Der schlagfertige Fuhrmann und der Ablöser wurden sofort entlassen, von der Rößlitramgesellschaft erhielt der Verstümmelte 1000 Franken Schadenersatz, abzüglich 200 Franken für Untersuchungskosten! Julius Czerpien wurde später Graveur, eröffnete am Großmünsterplatz ein eigenes Geschäft, überlebte alle seine Schulkameraden und starb erst im Sommer 1963 im Altersheim Nidelbad.

Daß die Zürcher «in Berücksichtigung der Imponderabilien, die jede technische Neuerung notwendigermaßen nach sich zieht», recht stolz auf ihren Tramway waren, auch wenn er einer Privatgesellschaft gehörte, beweist eine Zeitungsnotiz vom Frühling 1883:

Der Zürcher Tramway

Wer größere Städte gesehen oder gar dort gelebt hat, der wird unter den Verkehrsmitteln den Tramway nur ungern vermissen. Der ruhig, aber flüchtig daherrollende Pferdebahnwagen sticht von dem hundertfach sich durchkreuzenden Gewimmel der verschiedenartigen sonstigen städtischen Vehikel so merkwürdig ab, daß dem Großstädter ohne ihn etwas fehlen würde. Aber nicht nur zu den Toilettemitteln der modernen Stadt gehört der Tramway, nein, er bildet zugleich einen der wichtigsten und wohlthätigsten Faktoren im Verkehrsleben derselben. Viel richtiger als nach der Bevölkerungszahl kann man den Rang einer Stadt nach der Art und Weise taxiren, wie sich ihr Personenverkehr abspielt. Wollte man in dieser Beziehung ein Schema aufstellen, so käme ungefähr Folgendes heraus:

Der Tramway gehört zu den Toilettemitteln der Großstadt

Kleinstadt: Fußgänger
Mittelstadt: Fußgänger, Wagen
Großstadt: Fußgänger, Wagen, Tramway

Hienach würde die Einführung des Tramways in den städtischen Verkehr geradezu den Übergang zur Großstadt bilden und die guten Leute (zu denen wir übrigens selbst gehören), welche seit 20 Jahren immer rufen: «Zürich wird Großstadt», hätten endlich einmal Recht bekommen.

Im Mai 1882 waren die ersten Schienen gelegt worden, im August fanden die ersten Probefahrten statt, am 1. Oktober, dem festgesetzten Termin, wurde das gesamte Netz dem Betrieb übergeben.

Die Anlage ist im Allgemeinen eingeleisig. Die Länge sämtlicher Linien ist einfach gemessen 8,6 Kilometer, mit den Ausweichstellen circa 11 Kilometer.

Das Betriebsmaterial zählt 30 einspännige Wagen und 12 Pferde. Die Pferde gehören ausschließlich dem Ardennenschlage an und haben sich in Bezug auf Zugfähigkeit und Ausdauer vorzüglich bewährt. Die wohlgepflegten, zierlich gebauten und doch kräftigen Thiere sind der Stolz der Gesellschaft und die erklärten Lieblinge des Zürcher Publikums.

Daß es bei aller Begeisterung auch nicht an Kritik fehlte, freute vor allem die Zeitungsredaktionen, die jeden Beitrag ihrer Leser so ungewaschen abdruckten, wie er bei ihnen einlief. Den einen war das Tram zuwenig schnell, die andern verlangten zum Schutze der Pferde zweispännige Wagen, und die «Tramway-Bediensteten» beanstandeten die lange Arbeitszeit. Auf den offenen, allem Wind und Wetter ausgesetzten Plattformen dauerte der Dienst 11 Stunden täglich und für die Wartung in den Depots bis zu 14 Stunden. Bei Taglöhnen von 3 bis 4 Franken waren die Trämler den Straßenwischern gleichgestellt.

Kritik des Publikums

1883 mußten wegen der Landesausstellung «vermehrt Wagen, Angestellte und Pferde beschafft werden». 3,5 Millionen Fahrgäste wurden in diesem Jahre gezählt. 1885 verlangte ein «frierender Fahrgast» im Tages-Anzeiger dringend geheizte Straßenbahnwagen, wie es bei der Frankfurt-Eschersheimer Lokalbahn bereits eingeführt sei. Mittelst der amerikanischen Heizöfen wäre es keine Kunst, die Wagentemperaturen um einige Grad Reaumur angenehmer zu machen. Aber in Zürich bekümmere man sich offenbar mehr um die 15 Prozent Dividende als um 15 Grad Wärme im Tramwagen.

Noch weiter ging jener Fahrgast, der einige Jahre später nach einem Wortgefecht mit dem Kondukteur zu seinem mit Blei gefüllten Spazierstock griff. Für den Tramangestellten hatte die Auseinandersetzung zwölf Tage Rekonvaleszenz, für den rabiaten Schläger zwei saure Wochen im Oetenbach-Gefängnis und ein länger dauerndes Tramverbot zur Folge.

Kurze Zeit darauf – die Straßenbahngesellschaft war soeben von der Stadt gekauft worden – schrieb ein Unerkanntgebliebener in seinem satirisch-poetischen Stadtführer «Zürich unter Röntgenstrahlen»:

Die Zürcher Pferdebahn, vulgo «Tram»,
macht Zürich alle Ehre;
weit mehr sind freilich noch auf dem Damm
die früheren Aktionäre.

Sie ist jetzt Eigentum der Stadt;
bald ist's nun zu End' mit den Pferden,
denn wenn man genügend studiert es hat,
soll alles elektrisch werden.

Gut wär's, man machte in künftiger Zeit
die Anlage zur zweigleis'gen;
auch könnten sich größerer Höflichkeit
die Kondukteure befleiß'gen.

Auch wird bei der Kreuzung zu lange verweilt,
drum braucht man zur Fahrt meist Muße,
und wem es mit einer Besorgung eilt,
der geht oft besser zu Fuße.

Beförderung der Briefträger durch die elektrische Straßenbahn. (Beim Hotel Bellevue).

Die Zürcher machen sich um das Vaterland verdient
Oder: Die Landesausstellung 1883

«Hier herrscht eine Mehrheit von Vernünftigen», hat kürzlich ein namhafter Kosmopolit über die Zürcher gesagt, als man ihn fragte, warum er sich gerade an der Limmat niederlasse. Diese Vernunft hat das Gesicht der Stadt seit eh und je geprägt. Nüchternheit – nicht im Sinne der Temperenz – war schon immer ein Merkmal der Zürcher. Und wenn der Pegel ihrer Begeisterung einmal in der Hochstimmung eines außergewöhnlichen Tages über das Normalmaß hinaufschwang, so folgte die Ernüchterung meist bald hinterher. Aber – und auch das ist typisch – solche Ausbrüche aus dem gemäßigten Trott des Alltags waren keine Seltenheit. Der am Tage des Gotthardurchstichs gefaßte Ausstellungsgedanke war eine jener Ideen, die anfänglich selbst in der Presse mit «Bier-» in Verbindung gebracht wurden.

J. Hardmeyer-Jenny, Mitinitiant und tatkräftiger Förderer des Ausstellungsgedankens, schrieb später darüber: «Vor allen schweizerischen Bevölkerungen genoß diejenige Zürichs von jeher den Ruf, den Neuerungen recht zugänglich zu sein und oft mit Leichtigkeit – mit Leichtsinn, wie manche sagen – Entschlüsse zu fassen, die aus momentaner Begeisterung hervorgehen. Der Gedanke einer schweizerischen Landesausstellung wurde einmal geäußert, das Wort war hingeworfen, man nahm es freudig und hastig auf, man proklamierte es – und erst, als man ruhig nachzudenken begann, wurde man der mannigfachen Schwierigkeiten und der großen Verpflichtungen gewahr, die man sich da aufgeladen. Nimmt aber der Ungestüme alle Konsequenzen seines Schrittes auf sich, wehrt und rührt er sich, und bewältigt er muthig die selbstverschuldeten Schwierigkeiten, so kann ihm vollends vergeben werden. Tadelt man ihn anfangs, belächelt man ihn auch, so geht er unbeirrt vorwärts: etwas Gutes muß

doch an der Sache sein; woher käme sonst die Begeisterung, die ihn erfaßte und die ihn zu dem unbesonnenen Schritte veranlaßte. Und siehe, nach und nach wendet sich das Blättlein; es wird ihm zuerst halbwegs, dann unumwunden Anerkennung zu Theil, man stellt sich zu ihm, man hilft, und schließlich dankt man ihm dafür, daß er so unklug war.

So ging es den Zürchern, als sie den Ausstellungsgedanken faßten. Anfangs von Manchem verhöhnt, von Vielen angezweifelt, ist er erst zur Geltung gekommen, als man bedeutende Männer für ein Kantonales Ausstellungs-Comité gewinnen konnte und die Angelegenheit mehr und mehr ihren festen Gang ging.»

Das Comité, das unter dem Präsidium des Vorstandes der Kaufmännischen Gesellschaft, Herrn Kommandant Konrad Bürkli, anfangs Dezember 1880 erstmals zusammentrat, wählte in den ersten Sitzungen eine Programmkommission, «welche die Fundamente, das Statut des Anzustrebenden, zu berathen und dem kantonalen Comité vorzulegen hätte». Das Präsidium der Kommission übernahm Oberst Arnold Vögeli-Bodmer, ehemals Mitglied des Baukollegiums und Stadtrat, Präsident der Militärisch-mathematischen Gesellschaft, der Blinden- und Taubstummenanstalt und des Schweizerischen Vereins der Dampfkesselbesitzer. Schon im Januar lag zur allgemeinen Begeisterung ein Brief des Bundesrates vor, der die Zürcher zu einer vertraulichen Besprechung nach Bern einlud. Nun erwachte die Programmkommission aus ihrem sanften Trab: in wenigen Wochen legte sie dem Vorstand ein generelles Programm, einen Organisationsentwurf und ein vorläufiges Budget vor. Damit war man zwar schon recht weit vorangekommen, aber noch lange nicht am Ziel. Als die sonntäglich gewandete Kommission am 3. März mit dem hohen Bundespräsidenten und einigen Herren National- und Ständeräten zusammentraf, schien das fröhliche Schiff vorerst zu kentern:

«Die Herren Landesväter besahen sich mit kritischen Blicken die Initianten von Zürich, von denen es noch keiner auf seinem Lebenswege zur Ehre des Kapitols gebracht hatte. Die Stimmung war frostig, und es bedurfte der ganzen liebenswürdigen Gewandtheit des Vorsitzenden, Herrn Bundesrath Droz, die beiden Elemente zur gehörigen Fusion und die Verhandlungen in Fluß zu bringen. Die Referenten der Zürcher entledigten sich ihres Mandates mit Geschick; sie legten frei und frank, und von entschiedenem Muthe getragen ihre Sache dar, so daß sich bald eine behaglichere Stimmung verbreitete und die Anwesenden, die als beobachtende Abgeordnete einer Kantonsregierung oder einer wissenschaftlichen Körperschaft hergekommen waren, lebhaftes Interesse an der Sache gewannen, und wohl bei sich selbst den Entschluß faßten, sich derselben eifrig anzunehmen. Schließlich einigte man sich in Bern, gründete weitere Comités und Commissionen, wobei dem Finanzcomité ‚eine sogleich zu lösende, nicht zu den allerangenehmsten gehörende Aufgabe zufiel: die Beschaffung von Beiträgen à fonds perdu – behufs Deckung der gesamten Baukosten‘.»

Daß das «Klopfen an die Kasse eines Anderen kein beneidenswertes und kein leichtes Geschäft sei», wurde protokollarisch festgehalten: «Es wird dasselbe jedoch nicht unbedeutend erleichtert, wenn wir es gemeinsam mit vielen Andern vornehmen und dafür sorgen, daß derjenige, welchen wir um sein Geld angehen, zahlreiche Leidensgenossen neben sich weiß, wenn wir mit Macht und in wuchtiger Gleichzeitigkeit die ganze abzulesende Gegend plötzlich in Angriff nehmen.»

Eines Tages ließ sich der geldsuchende Schwarm, voran der «verehrliche Herr Stadtpräsident Römer und die würdigen Vorsteher der Ausgemeinden, wie eine Heuschreckwolke auf die Stadt nieder und schüttelte die Klingelbeutel».

«Sie sprachen von Lenz und Liebe, von sel'ger goldner Zeit, von Freiheit, Männerwürde, von Treu und Heiligkeit», und als sie abends den Inhalt der gefüllten Beutel auf den Tisch des Finanzcomités ausschütteten, zählte dieses mit schmunzelnder Miene als «freiwillige Beiträge von Privaten» die schöne Summe von Fr. 132 324.50.

«Nun machte man den Gemeinden die Aufwartung, welcher Besuch Fr. 35 500.– abwarf, und der Kanton Zürich fügte sich mit Fr. 80 000.– in das unvermeidliche Schicksal, das er herannahen sah. Fr. 50 000 wurde den übrigen Kantonen zugemuthet und Fr. 430 000 legte die Eidgenossenschaft dazu.» Als der Andrang der Aussteller die ursprünglich angenommene Zahl um das Doppelte übertraf und sich das Bedürfnis nach einer Raumvermehrung zeigte, gelangte man nochmals an den Bund, der weitere 100 000 Franken gewährte. Diese waren aber «arg verklausuliert und einer uneinnehmbaren Festung gleich mit Mauer und Graben umgeben», so daß in der offiziellen Ausstellungszeitung bemerkt wurde: «Die Ausstellungskasse wird wahrscheinlich diesen zwar verdankenswerthen, aber doch gar zu platonischen Beitrag nie zu sehen bekommen.»

Am 1. Mai 1883 wurde die Ausstellung, die «alle Erzeugnisse der Industrie, der Gewerbe, des Kunstgewerbes, der bildenden Künste und der Landwirtschaft der ganzen Schweiz vereinigte, sowie das gesamte Unterrichtswesen zur Darstellung brachte», mit Diplomatenfrühstück, Umzug, Festreden, Kanonendonner, Platzregen und einer «Soirée familière» in der Festhalle eröffnet.

Der Hauptteil der Ausstellung befand sich auf der Platzpromenade, dem heutigen Platzspitz, der seit dem 18. Jahrhundert gärtnernden Bürgern und spazierenden Dienstmädchen überlassen war. Alle Beschreibungen stimmen darin überein, daß das von Kastanienbäumen eingerahmte Rondell vor der Industriehalle, in dessen Mitte eine hochaufstrahlende mächtige Fontäne blitzte, den Glanzpunkt der Ausstellung bildete. Das Hauptgebäude, an der Stelle des heutigen Landesmuseums, war «in einem seiner Aufgabe ent-

---

Frostige Stimmung und ein liebenswürdiger Vorsitzender

Betteln ist kein vornehmes Geschäft

Eröffnung der Landesausstellung 1883

sprechenden Stil von provisorischen Festbauten gehalten: Reich dekorierte offene Giebelfronten mit Galerien und schlanken Türmchen und Dekorationsmalereien zierten die lange Halle.» Von dem nach dem Park sich öffnenden Portal gingen zwei arkadenartige Galerien je im Viertelskreis aus, die sich einerseits an die Hauptrestauration, anderseits an den Pavillon für Hotelwesen lehnten. Eine Anzahl anderer Bauten und Pavillons waren malerisch im Park verstreut: nahe der Sihl, auf einer kleinen Anhöhe der Pavillon der Konditorei Sprüngli, der später noch lange als alkoholfreie Wirtschaft betrieben wurde, daneben das in einer Felsen- und Erdhöhle gebettete Aquarium, an der Limmat der Forstpavillon, eine phantastische Zusammenstellung von einzelnen kleinen Gebäudeteilen verschiedener Höhe und Gestalt mit einem viereckigen Hauptturm, dicht dabei im Gebüsch eine Klubhütte des S.A.C. Weiter unten hingen die Glocken der Gießerei Rütschi in Aarau, die zweimal im Tag ihr Spiel erklingen ließen. Zuunterst im Spitz ragte eine 38 Meter hohe, aus dem Sihlwald stammende Flaggenstange mit mächtiger eidgenössischer Fahne.

Ein großer Teil der Ausstellung hatte im Industriequartier – bei der heutigen Ausstellungsstraße – errichtet werden müssen und war mit der Platzpromenade durch zwei hölzerne Brücken verbunden, so namentlich die gewaltige, einen rechten Winkel bildende Maschinenhalle. Im Scheitel des Gebäudewinkels erhob sich eine Rotunde, deren Höhe bis zur Spitze der turmartig sich aufbauenden Laterne 30 Meter betrug. Eine Treppe von über hundert Stufen führte den Besucher auf die Plattform, von der sich eine entzückende Aussicht über die großzügig angelegte Ausstellung, die festlich beflaggte Stadt und das majestätisch glänzende Hochgebirge bot.

Weit weg vom Ausstellungspark, draußen am See, außerhalb der alten Tonhalle, war der Kunstpavillon errichtet, ein Gebäude im Stil eines antiken Wohnhauses, wobei freilich der Mittelbau mit den korinthischen Säulen auf hoher Estrade, dem Frontispize und der Ornamentik des Vestibüls mehr einem Tempel glich. Man betrat den Tonhallefestplatz gegenüber dem heutigen Corso. Ausgedehnte Rasen- und Gartenanlagen breiteten sich vor dem Eintretenden aus, die gegen die Stadt hin von der «auf gar keinen Stil Anspruch erhebenden Tonhalle» mit eingebautem Palmengarten, auf der Gegenseite von der Kunsthalle und nach dem See hin durch die von der Tonhallegesellschaft speziell für die Ausstellung erbaute Festhalle begrenzt waren.

Nicht nur die Erwartungen der Besucher, auch die der Veranstalter wurden weit übertroffen. Das Lob war ein einmütiges und der Ausstellungsbesuch ein kolossaler. Statt der erwarteten 600 000 wurden 1 759 540 Ausstellungsbesucher gezählt. War am Eröffnungstag der Schweizer General Herzog dabei, schritt am 27. Mai die hohe und ungebeugte Gestalt des deutschen Generalfeldmarschalls Moltke – einmal ohne seine martialische Pickelhaube – durch die Ausstellung, anfangs Juni war das Orchester der Mailänder Scala und Ende Monat die gesamte Bundesversammlung zu Besuch, am 2. Juli wurde anläßlich eines internationalen Pressebesuches der schweizerische Presseverein gegründet, und am 9. August gegen Mittag spazierte der millionste Besucher durch das Ausstellungstor. «War es ein biederes Bäuerlein? War es eine Modedame? Niemand weiß, woher er kam der Fahrt und was sein Nam' und Art, kein Ehrentrunk wurde dem absonderlichen Millionär gereicht. Für die Ausstellung aber war der millionste Gast sieben Wochen vor ihrem Schluß hochbedeutsam.» Selbstverständlich gehörten auch Gottfried Keller und C.F. Meyer zu den eifrigen Ausstellungsbesuchern; sie hatten zur Eröffnung die üblichen Weihegedichte geschrieben und dafür Dauerkarten erhalten.

Wer kennt die
Völker, nennt die
Namen?

«In so freudiger Stimmung die Eröffnung gefeiert worden», meldete später der offizielle Ausstellungsbericht, «so andächtig lauschte die kleine Gemeinde am 2. Oktober den ernsten Worten, mit denen Oberst A. Vögeli-Bodmer den Ausstellern, den Behörden und dem Volk dankte, die dieses große Ereignis möglich machten, und der Vorsehung, die gütig alles Mißgeschick abgewendet. Als hierauf Herr Bundesrat Numa

«Zürich hat sich
um das Vaterland
verdient gemacht!»

Die Zürcher Bahnhof-
halle. Illustration aus der
Offiziellen Ausstellungs-
zeitung

Seiten 32/33: Übersicht
über die Landesausstel-
lung 1883 auf dem Platz-
spitz. Vor dem Bahnhof
die Haupthalle mit dem
großen Ausstellungs-
platz. Jenseits der Sihl
die Industriehalle mit der
Aussichts-Rotunde

Die oktagonale Vitrine
eines Zürcher Schirm-
spezialisten galt als eine
der «elegantesten Instal-
lationen» der Zürcher
Landesausstellung

Den schönen Künsten
war ein besonderes Are
im Gebiete des heutige
Stadttheaters reservier
Im Vordergrund der
Pavillon für Malerei u
Plastik, dahinter die a
Tonhalle mit Palmen-
pavillon und Garten

Feuerwerk zur Eröffnung
der Zürcher Landesaus-
stellung am 1. Mai 1883

Adieu!

Droz im Namen des Schweizervolkes erklärte, Zürich habe sich um das Vaterland verdient gemacht, und darauf mit bewegter Stimme das Schlußwort sprach – da schämten sich die Männer, die sonst jedem Ereignis ruhig ins Auge zu schauen gewohnt waren, der Tränen nicht, die sich unter ihren Wimpern hervordrängten. Aus der Halle heraus intonierte die Musik den Choral ‚Es ist bestimmt in Gottes Rat…‘, und damit wurde die Ausstellung geschlossen.»

Die große Bauperiode
Oder: Vom Kloaken-Ingenieur zum Quai-Bürkli

Zürich schlüpft aus dem Nest

«Von einer großen Bauperiode wird man sprechen dürfen, wenn in wenigen Jahrzehnten, von 1860 bis 1889, sechs neue Stadtquartiere entstehen, zwei neue Brücken über die Limmat geschlagen werden, der See sich mit Quaianlagen umsäumt, mit Wasserversorgung und Kloakenreform den sanitären Anforderungen endlich Genüge geleistet wird und durch neue Eisenbahnverbindungen, Tram und Telephon der Verkehr ungeahnte Ausdehnung gewinnt», schrieb ein Chronist über die Zeit, in der Zürich «aus dem Nest schlüpfte» und eine Großstadt zu werden begann. Der wohl ungeduldigste Kopf jener Zeit war Arnold Bürkli, der ähnlich wie sein Großvater mütterlicherseits – der «Linth-Escher» – später der «Quai-Bürkli» genannt wurde.

1860 an die neugeschaffene Stelle eines Zürcher Stadtingenieurs gewählt, beschäftigte er sich zuerst mit dem Bau der Bahnhofstraße anstelle des Fröschengrabens, jenem morastigen Relikt aus dem Mittelalter, das uns nur mehr in der biedermeierlichen Verklärung später Veduten vertraut ist. «Vom prachtvollen Portal der Einsteigehalle des Bahnhofes an dringt die imposante Bahnhofstraße jetzt in die linksufrige Stadt ein. Das Ende des Sees umspannt der herrliche Seequai, einer der schönsten Uferwege Europas», heißt es in einem späteren Reiseführer.

Daß es soweit kam, war Bürklis Verdienst. Aber bevor er an die Verschönerung der Stadt denken konnte, mußte er sich mit ihren «zum Himmel stinkenden sanitären Zuständen» befassen. Das von ihm 1863 ausgearbeitete Baugesetz umfaßte zwar den berüchtigten § 62, der eine «Reform des Kloakenwesens» durch unterirdische Abzugskanäle in allen Straßen vorsah, aber für den Steuerzahler waren das vorerst nur papierene

Der Kloaken-Paragraph

Forderungen, über die man von Fall zu Fall nochmals reden mußte. Hatte nicht im Jahre 1840 die in Solothurn erscheinende «Zeitschrift für Volksbildung» die hygienischen Verhältnisse Zürichs besonders hervorgestrichen? Und der Schaffhauser Gelehrte Karl Schinz hatte beim Zürcher Architekten Breitinger eine «einfache Vorrichtung zur Verhütung übler Gerüche auf den Abtritten» entdeckt, welche im Gegensatz zu den mechanischen Wasser-Closets, die neben einem ziemlich kostbaren Apparat viel Platz und Wasser brauchten, dem vorgesetzten Zwecke ebenso gut entsprach und die aufgeführten Nachteile nicht aufwies. «Wem die Gesundheit seiner Hausgenossen nicht gleichgültig ist, der wird die Wichtigkeit des Gegenstandes leicht erkennen, und ich hoffe dem Publikum nützlich zu sein, indem ich eine so einfache Vorrichtung zu verbreiten suche. Sie besteht in Folgendem: Man läßt das Abtrittrohr um einige Fuß unter die Oberfläche des Jauchetroges reichen; dadurch geschieht es, daß die sich entwickelnden übelriechenden Gase, welche leichter als die atmosphärische Luft sind, und daher nach oben streben, eine Schichte bilden, die höher steht als die Mündung des Abtrittsrohres, wodurch das Aufsteigen der Gase in diesem verhindert wird.»

Eine einfache Vorrichtung zur Verhütung übler Gerüche auf den Abtritten

In Verbindung mit der geplanten Kanalisation hatte Bürkli eine gründliche Änderung der Abwasserverhältnisse und eine Beseitigung der alten «Ehgräben» vorgesehen. So nannte man die engen, der Limmat zugerichteten Abwasserschluchten zwischen den Häusern, in welche die Zürcher seit dem Mittelalter alle Abfälle zu werfen pflegten. Bei Regenwetter wurden die Gräben von Zeit zu Zeit durchgeschwemmt, sonst aber waren sie ein «Hort des Unrats», wo sich Hunde, Katzen und Ratten tummelten. Daß die Ehgräben aber nicht nur der Beseitigung von

Wozu die Ehgräben dienten

Küchenabfällen dienten, verriet der alt Posamenter und Sonntagspoet Hs. Conrad Locher um 1890 in seinen Jugenderinnerungen:

«Zwei Bauern, Vater und Sohn, mußten beim Pfarrhaus den Ehgraben leeren. Dort angekommen, ging zuerst der Sohn bis er ganz hinten unters Abtrittrohr kam. Da platzte aber gerade etwas herunter! Entrüstet sprang er zurück zum Vater und sagte zu diesem: ,Wer Tüüfels macht jetzt da just oben abe?' Der Vater, schnell entschlossen: ,Das will ich dir grad säge!' Ging, guckte durchs Rohr hinauf und sagte: ,Das ist 's Pfarrers Kätterli, a der Physionomie a!'»

Die Choleraepidemie 1867 Von der Dringlichkeit der vorgeschlagenen Reformen wurde die Bevölkerung erst durch die 1867 ausgebrochene Choleraepidemie überzeugt. Allein in der Stadt wurden 217 Erkrankungen und 136 Todesfälle gezählt. Die Krankheit war von einem Engländer eingeschleppt worden, der am 12. August im Hotel Schwert erkrankte und starb. Die schnelle Verbreitung der Seuche wurde vor allem «durch den schlimmen Zustand der Aborte» gefördert.

Die Zürcher «Kloakenreformation» und die neue Wasserversorgung mit filtriertem Seewasser wurden schließlich als ein Meisterwerk Bürklis gepriesen. 1873 verlieh ihm der Stadtrat die goldene Verdienstmedaille, und zehn Jahre später doppelte die Hochschule nach: Zu ihrem 50jährigen Jubiläum ernannte die Zürcher Universität Arnold Bürkli zum «Doctor medicinae honoris causa». Ob sie diese «vorschnelle und übereilte Handlung» – wie es in der Zeitung hieß – nicht bald bereute?

Die Typhusepidemie 1884 Schon im folgenden Jahr, 1884, brach eine Typhusepidemie aus, die auf das Eindringen von verunreinigtem Wasser in das städtische Leitungsnetz zurückzuführen war. 627 Erkrankungen und 63 Todesfälle meldete die Medizinalstatistik. Die allgemeine Aufregung war groß und machte sich in heftigen Angriffen gegen den «Kloaken-Ingenieur» Luft. Und einer verstieg sich sogar zu einem Spottvers in der «Zürcher Post»:

Stimmt das, was de Bürkli
b'hauptet hät, würkli:
Züri werdi süüberer und
au's Seewasser seg gsund?
Oder gseht er ächt euseri Gülle
dur ä gschiideri Brülle?

Auch Bürklis Idee, neue moderne Wohnquartiere zu schaffen, wurde von vielen nicht verstanden. So schrieb ein «Seebueb» 1882 im Zürcher Kalender: «Ihr braucht keine neuen Häuser, folglich auch keine neuen Quartiere. Seid froh, wenn Ihr eure alten Baracken immer voll behalten könnt. Wer wollte auch in der engen, ungesunden, heißen Stadt wohnen, wo die Miethen so unverschämt theuer und die Miethsherren noch unverschämter grob sind?! Da haben wir die Eisenbahnen und die Dampfschiffe; die führen uns im Abonnement um eine Spottaxe am Morgen zur Galeerenarbeit nach dem verfluchten Krämernest und am Abend wieder von dem Lasternest weg nach dem lieblichen Heim.»

Teure Mieten und unverschämte Miethsherren

Das Werk, das Arnold Bürklis Ruf als genialer Ingenieur aber für alle Zeiten sicherte, war der Bau der Quai-Anlagen. Nach den Projekten des Kantonsingenieurs sollte die geplante rechtsufrige Zürichseebahn wie ein «eiserner Ring» die Limmat oberhalb des Bauschänzlis überbrücken, dem See entlang in die Enge und von dort über Wiedikon und Außersihl in den Hauptbahnhof führen. Die von der «Rechtsufrigen» der Stadt drohende Gefahr hatte den Vorteil, daß sie die Ausführung der Quai-Anlage beschleunigte. Mit dem Bauvorstand der Gemeinde Riesbach arbeitete Bürkli ein Projekt aus, das bei der Plankonkurrenz über 27 andere Vorschläge den Sieg davontrug.

Natürlich meldete sich auch die Opposition. In der «Freitagszeitung» kämpfte sie gegen den «Quaibautenschwindel» und erreichte, daß die vom «Seequai-Garantieverein» verlangten Beiträge nicht gezeichnet wurden. Der endgültige Entscheid fiel am 4. September 1881, als die gleichzeitigen Gemeindeversammlungen von Zürich, Enge und Riesbach den Vertrag über die Quaibaute genehmigten und das Ereignis mit

Das Quaibau-Projekt wird mit Vehemenz bekämpft und mit Kanonendonner gefeiert

Kanonendonner feierten. Der Zusammenschluß der drei «Quaigemeinden» zur Durchführung des großen gemeinsamen Unternehmens galt als wichtiger Vorläufer der Vereinigung Zürichs mit seinen Ausgemeinden.

Eine «dumme Frage» als teurer Spaß Beim Bau der Quaibrücke bereitete die schlechte Beschaffenheit des rechten Ufers besondere Schwierigkeiten, und ein guter Freund ärgerte Bürkli mit einer täglich im Tagblatt erscheinenden «Dummen Frage»: Wann wird endlich die Quaibrücke mit dem Festland verbunden?

Als sie endlich das Festland erreichte, wurde zwar kein offizielles Fest gefeiert, aber Bürkli verpflichtete den «dummen Frögli», für die «Dampfschwalbengesellschaft» die ersten 100 000 Franken zu zeichnen.

Am Silvesternachmittag 1884 eröffnete Bürkli die Brücke mit einem fröhlichen, in eigener Kompetenz veranstalteten Umzug: voran die Arbeiter mit ihren Werkzeugen, dann eine endlose Reihe von Wagen, eleganten Equipagen, Müller- und Bierfuhrwerken und Geschäftswagen aller Art. Im Sommer 1887 konnte die ganze Bürkli-Quaianlage eingeweiht werden. «Zürich, eine wunderherrliche Stadt, schmuck wie ein Edelstein», zitierte Bürkli bei der Eröffnungsfeier, und der Tages-Anzeiger schrieb: «Er darf stolz sein, diesem Juwel eine würdige Fassung gegeben zu haben. Daß Zürich heute eine der schönsten und gesundesten Städte genannt werden kann, ist ebenfalls sein Verdienst!»

Zürich, eine der schönsten und gesundesten Städte der zivilisierten Welt

Die drei nun eng miteinander verbundenen Quaigemeinden stifteten Bürkli einen Lorbeerkranz und seine Untergebenen eine kalligraphische Dankadresse: «Die Arbeiter stiften dieses Andenken dem Quai-Ingenieur A. Bürkli-Ziegler in Erinnerung an dessen väterliche Fürsorge für die Arbeiter, überreicht am Tag der Eröffnung des Zürcher Quais nach fünfjähriger Bauzeit am 3. Juli 1887.»

Sollen sich die Sozialisten in Zürich wohl fühlen?
Oder: Die Arbeiter stören die Geschäftsordnung

Die von Winterthur ausgehende Opposition der Demokraten gegen die liberalen «Zürcher Diktatoren», deren Aushängeschild Regierungspräsident Alfred Escher war, hoffte eine Weile, die politisch noch indifferente Arbeiterschaft auf ihre Seite zu bringen. Die Winterthurer waren der Meinung, daß die Arbeiterinteressen durch sie genügend vertreten würden, und empfanden es als rabenschwarzen Undank, als die Arbeiter die Bildung einer eigenen Partei anstrebten. Ja der Biograph des demokratischen Nationalrates Heinrich Grunholzer verstieg sich zur Anklage: **Die Gründung einer Arbeiterpartei ist eine nationale Schande** «Nichts ist ungerechtfertigter, unsittlicher und verwerflicher, als in einer Republik eine besondere Arbeiterpartei zu gründen!» Die Liberalen hingegen «setzten volles Vertrauen in den Sinn des Volkes und waren überzeugt, daß die obersten Staatsbehörden nichts versäumen würden, um berechtigten Volkswünschen möglichst baldigen Durchbruch zu verschaffen». Die Arbeiterschaft beurteilte ihre Aussichten nüchterner, und selbst das gouvernementale Tagblatt schrieb später: «Alfred Escher war die bewegende Seele in der Regierung sowohl als auch im Großen Rat und konzentrierte eine solche Fülle von Machtmitteln in seiner Person, daß sich vor seinem Willen fast alle Knie beugten. Er bestimmte die Richtung der Politik, besetzte die Ämter und drückte Ungefügige an die Wand.»

Die Arbeiterbewegung trat in Zürich unter der Führung des vazierenden Magdeburger Schneidermeisters Wilhelm Weitling, des «entarteten Aristokratensprößlings» Karl Bürkli und des «politischen Wildlings» Johann Jakob Treichler zuerst in der Gestalt des Kommunismus auf. Die einfachste Auslegung des Kommunismus gaben damals die Gassenbuben, die in Scharen hinter dem «berüchtigten Agitator Treichler» herliefen und im Takt schrieen: «Dä wott teile! Dä wott teile!»

Die zürcherischen Sozialdemokraten hofften, ihre etwas utopischen Forderungen nach Verstaatlichung des Bodens und der Produktionsmittel eines Tages mit dem Stimmzettel zu erzwingen. An die Abschaffung des Privateigentums – eine Hauptforderung der Kommunisten – wurde nie ernstlich gedacht. Eines ihrer wichtigsten Ziele war die «theoretische und praktische Ausbildung des unwissenden, unbemittelten Arbeiterstandes»: «Um den ‚Kampf‘ um das Dasein, der von keinem vermieden werden kann, mit Ehren bestehen zu können, ist es auch gerecht, daß die Natur uns zugleich die Waffen in die Hand gibt, mit denen wir kämpfen lernen müssen. Die Waffen sind aber nicht Hellebarde und Morgenstern, unsere Waffen heißen: Bildung, Arbeitsamkeit, Sparsamkeit!» Die «Zürcher Arbeiterzeitung» erklärte: «Wir wollen in erster Linie Eidgenossen sein und bleiben und die Liebe und Treue zum Vaterlande als das erste politische Gesetz eines Schweizers ehren.» Trotzdem flößte das entschlossene Auftreten der Arbeiterschaft den Mitbürgern einen nicht geringen Schrecken ein – geschürt durch die konservative Presse, die die Arbeiterführer als Lumpenbande bezeichnete. **Die Waffen der Arbeiterschaft**

Im Kanton Zürich bildeten die Grütlivereine das Bindeglied zwischen Demokraten und Arbeitern. Die führenden Köpfe der Arbeiter waren Bürkli und Treichler, die 1851 in Außersihl den von vielen belächelten und bewitzelten ersten Konsumverein eröffnet hatten. Nachdem Bürkli von einem utopischen Kommune-Projekt – der Konsum hatte ihm dazu ein Gewehr geschenkt – aus Texas abgebrannt nach Zürich heimkehrte und seinen politischen Kampfgefährten Treichler auf dem Regierungsratssessel sah, wandte er sich von ihm ab und verweigerte dem «Verräter» künftig den Gruß. Daß Treichler stets eine saubere Gesinnung bewahrte, vermochte Bürkli nicht zu versöhnen.

Die Wahl des unbequemen Treichler zum Regierungsrat war übrigens ein geschickter Rochadezug Alfred Eschers gewesen, der «wilde Sozialisten dadurch zähmte, daß er sie in die höchsten Behörden wählen ließ».

Gottfried Keller, der spätere Staatsschreiber, erzählte über Treichlers überraschende Karriere eine amüsante Anekdote: Bei einem Bankett im Rathaus wandte sich ein österreichischer Diplomat an einen neben ihm sitzenden Regierungsrat mit der Frage: «Als ich noch als junger Anfänger in Zürich war, trieb sich hier gerade ein langer, hagerer Kerl umher, der gewaltige Brandreden hielt und den Kommunismus predigte. Wir mußten über diese Hopfenstange viel nach Wien an den seligen Staatskanzler berichten. Aber bitte, wie hieß doch gleich dieser Kerl? Weichler, Meichler oder so ungefähr?» Worauf der Gefragte mit bezeichnender Handbewegung gegen den der Tafel Vorsitzenden bemerkte: «Exzellenz zu dienen, unser verehrter Herr Regierungspräsident Dr. Treichler!»

Doch das war alles Vorgeschichte, in der die praktischen Ziele der Arbeiterschaft erst langsam Form annahmen: kürzere Arbeitszeit, bezahlte Ferien, Krankengeld und ein angemessenes politisches Mitspracherecht. Wie verantwortungsbewußt dabei selbst die radikalsten Arbeiterführer waren, beweist ein Ausspruch Karl Bürklis: «In der wahren oder Volksrepublik befaßt sich das Volk nicht nur mit den Personen, sondern auch und vor allem mit den Sachen, mit den Gesetzen. Der gewalttätige Sozialismus und Kommunismus wird durch diese Einrichtung in sein Nichts geschleudert, seine Zähne und Klauen sind ihm genommen.» Aber auf diesen «Kuhhandel» mit Leuten, die nichts zu bieten haben, sondern nur verlangen», ließ man sich gar nicht erst ein.

1857 stand in den Zürcher Blättern zum erstenmal etwas von Umzügen «strikender» Schuhmacher. Fünfzehn Jahre später legten die Schreiner die Arbeit nieder und erkämpften für sich den Zehnstundentag. Ein Gesuch der Meister an die Regierung, gegen die Demonstranten einzu-

schreiten, war abgewiesen worden, da sich diese «keine Ungesetzlichkeiten und Gewalttaten» zuschulden kommen ließen. Weniger Erfolg hatten einige Monate später die streikenden Schmiede und Wagner, die sich mancherlei Ausschreitungen erlaubten. Acht Wochen, dann endete der Streik mit einer Niederlage der Arbeiter; einige der «Skandalmacher» wurden verhaftet und vor den Polizeipräsidenten Dr. Römer geführt, der sie jedoch mit einer ernsthaften Ermahnung wieder entließ. Nach einer 1878 durchgeführten Demonstration deutscher und italienischer Arbeiter erließ die Stadtpolizei im Tagblatt ein vorläufiges Verbot von Umzügen mit roten Fahnen. Noch im gleichen Jahr nahm der Grütliverein das von Herman Greulich ausgearbeitete sozialdemokratische Programm an, und 1880 – im Jahr, in dem unser Buch eigentlich erst beginnt – wurden der Allgemeine Schweizerische Gewerkschaftsbund und die Sozialdemokratische Partei der Schweiz gegründet. Greulich hatte schon zehn Jahre zuvor die Arbeiterzeitung «Die Tagwacht!» herausgegeben, diese «Organ der sozial-demokratischen Partei» genannt und darauf auch eine entsprechende Partei aus der Taufe gehoben. Aber sie kam, da sie ganz nach deutschem Muster konzipiert war, nicht über die ersten Gehversuche hinaus.

Einen bösartigen Verlauf nahm der Schlosserstreik, der im Jahre 1886 den Zehnstundentag erzwingen wollte. Der Stadtrat hatte, sekundiert vom kantonalen Justizdirektor, das Streikpostenstehen verboten, was die Arbeiter als arbeiterfeindliche Einmischung bezeichneten. Am Pfingstmontag verteilten sie Flugblätter, auf denen sie die Anwendung von Gewalt in Aussicht stellten, falls friedliche Mittel nichts nützen sollten. Mitte Juni entstand vor der Hauptwache beim Rathaus ein erster Krawall. Die Schlosser wollten einen verhafteten Genossen befreien, konnten aber von den Landjägern mit aufgepflanztem Bajonett abgewehrt werden. Doch die Demonstrationen wiederholten sich, einige Leute wurden gefaßt und nach Selnau abgeführt. Als die Polizei dort mit Steinen beworfen wurde, gab sie einige Revolverschüsse ab, und eine «ricochettierende Kugel» traf den Parkettleger Fischer in die Brust. In

Blick vom Hotel Belle-
e auf Quaibrücke und
rkliplatz. Hintergrund
von rechts nach links:
onhalle, Rotes Schloß
(mit Kirche Enge),
eißes Schloß. Um 1905

Seiten 46/47: «Die
neue Seequai-Brücke»,
Xylographie nach einer
Zeichnung Arnold
Bürklis. «Züricher
Kalender 1884»

Das Zürcher Telephon-Netz

In Zürich wurde, als einer der ersten Städte des Kontinentes, das Telephon schon im Jahre **1880** eingeführt. Zur Zeit gibt es circa **1000 Abonnenten.**

Der Einheimische braucht das Telephon fortwährend und auch der Fremde wird es mit Vortheil benutzen. Alle grösseren Hôtels, Restaurants, ferner viele Cigarren- und andere Läden haben ein Telephon. An allen diesen Orten kannst du umsonst sprechen. Ausserdem bestehen eine Reihe von öffentlichen Telephonstationen. Dort kannst du um **20 Cts.** eine Viertelstunde lang reden. Bei jedem Apparat liegt eine **Abonnentenliste** und es müsste wunderlich zugehen, wenn du nicht den einen oder anderen Bekannten darin finden würdest. Auch **Winterthur, Horgen, Thalweil, Wädensweil, Wipkingen, Höngg, Oerlikon, Zollikon, Küssnacht, Wollishofen, Nidelbad bei Rüschlikon und Wülflingen bei Winterthur** sind mit Zürich verbunden. Du kannst mit diesen Leuten dort sprechen, ohne eine weitere Taxe zu bezahlen.

Gegenwärtig in Bau begriffen: Au bei Wädensweil und Richtersweil. Telephonverbindungen in nächster Aussicht nach: Baden, Uster, Baar, Zug und vielen andern Orten.

Oeffentliche Sprechstationen (Gebühr 20 Cts.). Drack-Muggli, 143 Frankengasse, Aussersihl; H. Erb, auf der Post, Wiedikon; C. Günthard, Telegraphenbureau Kreuzplatz, Hirslanden; Hug-Altorfer, Dammstrasse, Aussersihl; Hug-Huber, Postbureau Enge; H. Kleiner, Cigarrenhandlung, 30 Sonnenquai; Rüegg-Frank, Spezereihandlung, Platte; Schrämmli, Cigarrenhandlung, Oberstrass; C. Vollenweider, Conditor, Palmhof; Wetzel, Cigarrenhandlung, Sihlbrücke, Aussersihl; Wyder, Rechtsagent, Unterstrass, bei der Sonne; Heinrich Schenkel, Schweizerhof, Riesbach.

Die von einer Privat-Gesellschaft gegründete *Telephon-Unternehmung* ging mit 1. Januar 1886 in den Besitz des Bundes über.

Die Abonnentenzahl in Zürich und Ausgemeinden betrug auf Ende Oktober 1886 843 mit 924 Apparaten. Auf den beiden Centralstationen gehen (Centralhof 422, Rennweg 552) zusammen 974 Drähte ein.

Die Zahl der Telephonbenutzungen betrug monatlich im Jahr 1886 approximativ 130,000, je im Ein- und Ausgang für lokalen Verkehr und approximativ 3500 mit auswärtigen Netzen, Total per Jahr insgesammt und approximativ 3,035,000 Gespräche. Der betreffende Dienst wird durch 34 Beamte und Angestellte bewältigt.

Elektrische Beleuchtung in Zürich

Die elektrische Beleuchtung gewinnt in Zürich immer mehr Boden. Die erste Anwendung wurde schon vor Jahren in dem Pumpenhaus des großartigen städtischen Wasserwerkes gemacht, seit einigen Monaten beleuchtet Herr Henneberg an der Bahnhofstraße seine opulenten Seidenmagazine ebenfalls elektrisch, und endlich wurde diese Beleuchtungsart im September auch beim Bahnhofgebäude zur Anwendung gebracht. Der Eindruck dieser letzteren Installation, welche von der Zürcher Telephonindustrie-Gesellschaft ausgeführt wurde, ist speziell in und vor der Eintrittshalle ein brillanter.

— Um der städtischen Verwaltung ad oculos zu demonstrieren, daß irgendwo einmal mit Sparen angefangen werden müße, hat es sich ein origineller Kauz zur Pflicht gemacht, allnächtlich nach ein Uhr so viel als irgend möglich von den Laternen zu löschen, die nach seiner Ansicht höchst überflüssig brennen; in Mondscheinnächten hat er jeweils bis auf 250 Laternen im Kreise Neumünster herum abgedreht, hoffend, es werde dies endlich einmal etwas Sparsinn wecken. Gewiß ein origineller Gedanke! Dessen Erfinder hat er aber bereits eine Polizeibuße eingetragen und zwar eine — gesalzene!

Eines der vielen nichtausgeführten Projekte, die Zürich «verkehrsfreundlicher» machen sollten: Durchstich vom Weinplatz zur Bahnhofstraße. Die Brücke über die geplante Straße führt von der Peterhofstatt zum Kircheneingang

Die
Peterstrasse
PROJEKT
von
Alex. Koch, Archt.

Zürich
1881

Herbei, herbei,
Am ersten Mai,
Ihr mut'gen Männerscharen!
Macht euch bereit,
Ernst ist die Zeit
Und mächtig die Gefahren!

Herbei, herbei,
Am ersten Mai,
Ihr Mädchen und ihr Frauen
So sorgenreich,
So fahl und bleich,
O fasst ein Selbstvertrauen!

Herbei, herbei,
Am ersten Mai!
Wie lange wollt ihr zagen?
Wer siegen will,
Steh nimmer still;
Wer Streiter ist, muss wagen!

Herbei, herbei,
Am ersten Mai,
Mit blanken Geisteswaffen!
Wer's redlich meint,
Der kämpf' vereint,
Den Lorbeer zu erraffen!

Herbei, herbei,
Am ersten Mai!
Besiegelt eure Rechte!
Zu lange schon
Hat man mit Hohn
Behandelt euch als Knechte!

Emma Meyer-Brenner.

Umgebungsarbeiten
beim Stadttheater.
Aufnahme um 1895

Aufruf an die Arbeiter
zur Teilnahme am Mai-
umzug 1902

Zur Arbeiterfrage:
Nicht die Beneideten, die Neider sind zu beneiden.

Samstagabend der Arbeiter.

Sie drängen sich zur Fabrikkasse und beziehen von 30 bis 60, ja 70 Franken Wochenlohn. Es meint aber selbst der Ungeschickteste und Faulste von ihnen, auch ihm gehören 60 bis 70 Franken; denn: „Jeder nach seinen Bedürfnissen". — Dieses Schlagwort hat der sozialistische Hetzer sie gelehrt! — Sie werden Alle voll und ganz bezahlt, wie ihre Gutscheine lauten.

Samstagabend des „geschwollenen" Kapitalisten.

Oder vielmehr: Er sitzt am Samstag, nachdem er noch mit Mühe die Wochenlöhne für die Fabrik hat beschaffen können, bis weit über Mitternacht, bis in den Sonntag hinein, vor seinen Büchern und sieht Nichts als Schulden und Schulden, Ruin und Ruin. Wie soll Das enden? Der Revolver in seiner Linken deutet auf die endliche Erlösung aus der schlimmen Lage.

Aus David Bürkli's «Züricher Kalender 1884»

Das Sonntagsvergnügen des Arbeiters.

Er hat am Samstag aus seiner reichlichen Wochenzahlung noch Proviant, viel Proviant gekauft, für seine ganze Familie. Am Sonntag Morgen stehen sie nicht zu früh auf, werfen sich in ihren Sonntagsstaat und ziehn hinaus aufs Land, Mann und Frau und Kind und Kegel. Den Proviant tragen sie in Handkörben mit sich. Sie besteigen die Eisenbahn und fahren auf — sagen wir: auf den Uetliberg. Dort spaziren sie den ganzen Tag auf dem Höhengrate herum und verzehren ihren reichlichen Proviant gemüthlich in kühlem Waldesschatten.

Unterdeß ist das Sonntagsvergnügen des Arbeitgebers

Das gewesen: Er hat in der Nacht auf Sonntag von seinem Revolver noch keinen Gebrauch gemacht. Nach wenigen Stunden fieberhaften Schlafes ist er am Sonntag mit Tagesanbruch aufgestanden, hat sich noch einmal an seine Bücher gesetzt, und wieder und wieder gerechnet und gerechnet. Der ganze Sonntag verging mit Rechnen. Sein zartes einziges Töchterchen, dessen Mutter an der Schwindsucht gestorben, hatte sich umsonst in den Sonntagsputz begeben und war umsonst wiederholt ins Arbeitszimmer des Papa gekommen, daß er mit ihm ausfahre. Es ist schon Sonntag Abends. Der Tag war so herrlich; die Sonne ging so schön unter! Aber es darf sie bloß aus dem Zimmerfenster betrachten: Papa bleibt an seinen Schreibtisch festgenagelt. Und es kann nur seinen Sonntagsstaat wieder ausziehen. Es geht weinend zu Bette.

Wipkinger Fabrikarbeiter
kehren von der Arbeit
heim.
Aufnahme um 1905

Maiumzug um 1916 in
Außersihl. Fahnenträger
ist Fritz Platten, einer der
Wegbereiter Lenins

— Zürich. Das stadtzürcherische Straßen-Inspektorat macht Interessenten bekannt, daß das Haus Sternenstraße 13 in Enge künftig die Nr. 11 erhält. Der betreffende Hauseigentümer wünscht diese Umnummerierung, weil sich in dem aufgeklärten Zürich viele wohnungssuchende Leute weigern, in einem Hause mit der fatalen Nr. 13 zu wohnen. Also geschehen am 12. August 1904, in einer Zeit, da man glauben sollte, Köhlerglaube und Fatalismus wären überwunden.

— Zu der Nachricht, daß die Maschinenfabrik in Oerlikon für Rußland Granaten fabriziere, schreibt die „Arbeiterstimme" wörtlich: „Zur Ehre der „Oerlikoner Arbeiter nehmen wir an, daß sie um so lieber diese Arbeit ausführten, wenn es sich darum handeln würde, der gesamten am Staatsruder sitzenden Mörder- und Ausbeuterbande mit solchen Klößen die Henkersmahlzeit zu bereiten." Welch' edle Sprache!

— Auch ein Erwerb. In Außersihl verlegte sich ab und zu eine pfiffige Frau auf das „Finden" von Kindern, welche sie dann der Polizei brachte und zur Erpressung einer Belohnung benutzte. Man ist aber diesen „Hyänen der Spielplätze" auf die Schliche gekommen, und die Polizei hat Weisung erhalten, die öffentlichen Promenaden ganz besonders auf verdächtige Frauen und Männer abzusuchen.

— Wilhelm Tell. Das Zürcher Stadttheater hat auf nächsten Donnerstag das ganze Haus abermals für eine Tellvorstellung der organisierten Arbeiterschaft zur Verfügung gestellt gegen eine ganz kleine Entschädigung. Die hiesige Arbeiterunion hat sämtliche Plätze des Theaters übernommen und überläßt sie zu 60 Cts. im ersten Rang, für 30 Cts. im zweiten Rang ihren Mitgliedern. Dieses weitherzige Entgegenkommen gegenüber den arbeitenden Klassen dürfte für das Theater sicherlich in Zukunft noch eine angenehme Nachwirkung haben und manches Vorurteil zum Schwinden bringen.

* Frau, schau, wem! Eine Frau in Außersihl wußte nichts besseres zu thun, als dem Zufall ihr Geld zu opfern und Lose zu kaufen. Und bei diesem Kauf war sie erst recht unvorsichtig und wandte sich an ein Geschäft minderer Gattung. Ihr Los hatte eine glückliche Nummer, denn auf dasselbe entfiel ein Gewinn von Fr. 960. Die glückliche Frau, welche sich vor Freude kaum fassen konnte, wollte den Gewinn erheben, aber o weh, die Auszahlung wurde verweigert. Man gieng vor Obergericht und da wurde die Klage abgewiesen, weil aus Spiel und Wette keine Forderungsrechte entstehen.

* Aus der Thätigkeit unserer Polizei: Eine arme Frau, die auf dem Heimwege Gemüse gegen eine Suppe eintauscht, wird hart behandelt, die Einbrecher am Limmatquai (Nähe der Hauptwache) und den Attentäter auf der neuen Quaibrücke kennt man aber zur Stunde noch nicht.

* Wer den Menschen billige, aber gleichwohl gute Kleider verschafft, ist ein Wohlthäter. Wer aber nur den Stoff billig verkauft, statt fertige Arbeit, und dadurch unserer Schneidergilde etwas auf die Beine hilft, erntet auch noch den Dank der letzteren. Dieses Verdienstes darf sich D. Clecner, Rennweg 16, Zürich, rühmen.

* Wer in Gemütlichkeit sein Bier trinken will, der sollte nicht unterlassen, dem Kleinen Kasino in

Zürich III. Militärstraße 111, einmal einen Besuch abzustatten. Der gemütliche, musikalische Wirt ist auch Rechtskenner, und wer derartige Schmerzen hat, wird sich guten Rates erfreuen.

— Die Zürcher Volksbäckerei hat alle Abnehmer von Brot gegen Unfall versichern lassen. Wer vor dem Unfalltage nur für einen Franken Brot holte, erhält im Unglücks-, Invaliditäts- oder gar Todesfall 500 bare Franken. Diese Reklame gehörig ins Licht zu setzen, erfand der Geschäftsinhaber Häberli die Form eines Italienerbriefes à la Nebelspalter.

Dieser Tage wurden die Passanten der Niederdorfstraße in nicht geringe Aufregung versetzt, da sie einen Herrn auf dem Straßenpflaster liegen sahen. Man vermuthete einen Gehirnschlag, erfuhr aber, der Herr habe im Lager von Naphtaly, Stüssihofstatt No. 6 einen prachtvollen Pelzrock so unglaublich wohlfeil gekauft, daß ihn die Freude darüber getödtet habe.

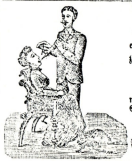

Plakat von
Fritz Boscovits,
1906

einer erregten Volksversammlung bei der alten Tonhalle faßten die Arbeiter eine Resolution, welche den «ungeheuerlichen Amtsmißbrauch der Polizeidirektion und das verantwortungslose Blutvergießen aufs schärfste verurteilte». Anderseits ging bei der Bürgerschaft eine Sympathieadresse für die Justizdirektion um, «die sich rasch mit Unterschriften bedeckte». Im Kantonsrat wurde das Vorgehen der Behörde schließlich gebilligt. Parkettleger Fischer, der sich von seiner Verletzung wieder erholt hatte, stand im Oktober mit anderen Genossen in Selnau vor Gericht und erhielt zwei Monate Gefängnis. «Obwohl man in Zürich die Zeichen der Zeit versteht», erklärte kurz darauf eine städtische Verlautbarung, «so kann der Zürcher doch im guten Sinne konservativ bezeichnet werden.»

Ein Bajonettangriff rettet die Stadt vor großem Unheil Wie wenig Verständnis die Arbeiterschaft, die doch den Hauptteil der Bevölkerung ausmachte, vor allem bei den Privilegierteren fand, bewies noch ein halbes Jahrhundert später die Firmengeschichte einer Bank, in der zu lesen war: «Max von X. zeigte neben seiner kaufmännischen Begabung große Liebe für das Militär. So wurde er 1878 Major und Kommandant des Füsilier-Bataillons 71. Anno 1886 in den Tagen des berüchtigten Schlosserstreikes anvertraute die Regierung die Aufrechterhaltung der Ordnung und Sicherheit der Stadt Zürich dem Kommandanten Max von X. Es gelang ihm, am 16. Juni an der Spitze seines getreuen Korps im Sturmschritt durch Bajonettangriff die auf dem Rathausplatz angehäuften Massen der Aufrührerischen auseinanderzusprengen. Dadurch gelang es ihm, die Bewegung zu brechen und die Stadt vor großem Unheil zu bewahren.»

Mit der Zeit war es zwischen den Arbeitern und den Demokraten ganz zum Bruch gekommen, vor allem weil diese nach dem Schlosserstreik die Wiederwahl des Justizdirektors unterstützt hatten.

Der großen Mehrheit der Bevölkerung war «das aus England herübergekommene Streiken» von allem Anfang an zuwider. Sie sah darin eine strafbare Störung der öffentlichen Ordnung, bestenfalls einen billigen Vorwand zum Faulenzen.

Anarchisten als Bürgerschreck Freilich saß der Bürgerschaft auch die Angst vor den Anarchisten in den Knochen, die 1885 das Bundeshaus in die Luft sprengen wollten und über sämtliche Bundesräte die Todesstrafe verhängt hatten. Unterzeichnet war diese per Post eingegangene Drohung vom «Anarchistenbund der Mittelschweiz», den es wahrscheinlich gar nicht gab. Vorsichtshalber wurden in Zürich die bekanntgewordenen Anarchisten arretiert und in Räterschen der Sprengstoffe bastelnde Österreicher Carl Halbedel sichergestellt. Haupturheber der ganzen Aufregung war aber vermutlich ein Coiffeur aus Heiden, Wilhelm Huft, der seinem dunklen Leben in der Untersuchungshaft ein vorschnelles Ende bereitete.

Insgesamt konnten in der Schweiz 120 Anarchisten ausgeforscht werden, zumeist Ausländer, die sich vor der Verfolgung durch die Polizei ihrer Heimatländer hierher gerettet hatten. Die gefährlichsten wurden ausgewiesen. Das heißt: Jeder einzelne wurde angefragt, in welcher Richtung er die Schweiz zu verlassen wünsche. Die sechs, die Frankreich als Ziel gewählt hatten, wurden von der Zürcher Kantonspolizei nach Verrières gebracht, dort diskret in den nach Pontarlier fahrenden Zug gesetzt und jedem ein Drittklaßbillett nach Paris in die Hand gedrückt. **«Paris einfach...»**

Daß hierzulande auch radikalste Elemente nicht einfach als Verbrecher galten, bewies Bundesanwalt Eduard Müller, der vom Bundesrat mit der Anarchistenfrage betraut wurde: «Der Anarchismus ist nicht von ungefähr entstanden; er besteht, weil große Kreise der Menschheit Noth leiden oder im Kampf um's Dasein keine Aussicht haben, sich aus ihrer elenden Lage durch eigene Arbeit zu befreien. Sorge man dafür, daß dem Arbeiter für sich und die Seinigen körperliche und geistige Gesundheit bewahrt bleibe und daß er sich für die Tage der Krankheit und der Arbeitsunfähigkeit gegen Noth und Elend sicher stellen kann. Dann wird der Anarchismus verschwinden, denn dann hat man das Übel an der Wurzel erfaßt.» **Die Wurzeln des Anarchismus**

Eine Folge des «Bundeshaus-Attentats» war das erste eidgenössische Dynamitgesetz vom April

1894, dem 1906 ein zweites folgte. Dazwischen lag die Ermordung der österreichischen Kaiserin Elisabeth. Sie war in Zürich am 24. August 1898 bei strömendem Regen von einer großen Volksmenge erwartet worden, stieg im «Baur au Lac» ab, löffelte bei Sprüngli Eis und verreiste nach wenigen Tagen in Richtung Paris, nicht ohne den Zürchern zu versprechen, bald wiederzukommen... Am 9. September stieß «der Edlen, von der die Welt nur Gutes empfangen hatte», ein Individuum, der italienische Anarchist Luigi Luccheni, eine spitze Feile in die Brust, als sie in Genf eben ein Dampfschiff verlassen wollte. Am 14. September passierte der Hofzug mit der Leiche Zürich. Alle Kirchenglocken läuteten, der Stadtrat gab im Bahnhof eine Beileidsbezeugung und der Verein der Österreicher in Zürich ein paar Kränze ab.

Die Kirchenglocken läuten für die Kaiserin

Daß große Teile der Bevölkerung zwischen organisierten Arbeitern und Anarchisten keinen Unterschied sahen, machte den Arbeiterführern ihre Aufgabe besonders schwierig. Ihre Verbindung zu «verantwortungslosen ausländischen Elementen» galt als Verrat am Vaterland. Am größten war die Empörung, als sich die zürcherischen Arbeiter der in London gegründeten «Internationalen Arbeiter-Association» anschlossen. Für die liberale Zürcher Presse war diese Vereinigung nichts anderes als eine «internationale Schwefelbande», für die Freitagszeitung eine «Gesellschaft religions- und vaterlandsloser Tagediebe und Taugenichtse».

Trotzdem gelang es den Arbeitern 1890, ein Jahr vor der Einführung der Bundesfeier, in der ganzen Schweiz Maifeiern durchzuführen und in den folgenden Jahren den Zehnstundentag und einige andere, uns heute selbstverständlich scheinende Forderungen zu verwirklichen. Viele Erfolge hatten die Sozialdemokraten ihrer geschickten Agitation zu verdanken. Man ist versucht, an das Rezept des Russen Georgij Plechanow zu denken, der im Juni 1899 im «Pfauen» in einem Vortrag über die russische Sozialdemokratie berichtete: «Wir waren anfangs wenige, doch wir machten einen Lärm, als wären wir viele, und jetzt sind wir viele.»

Das Haupt der «roten Internationale» war übrigens der Rheinländer Karl Marx, dessen Werk «Das Kapital» die Bibel der Sozialdemokratie genannt wurde, obschon weder Freund noch Feind das neue Evangelium je richtig gelesen hatten. Daß die Zürcher Kirche die Herausforderung trotzdem annahm und sich zur Diskussion stellte, wurde nicht überall verstanden. Der Neumünsterpfarrer Adolf Ritter hatte schon Ende der siebziger Jahre den Plan gefaßt, «dem gottentfremdeten Großstadtproletariat das wahre Evangelium wieder nahezubringen» und im Restaurant zum alten Schützenhaus mit den Sozialdemokraten um das Christentum gestritten. 1893 diskutierte Dr. Konrad Furrer, Pfarrer am St. Peter, erneut mit den atheistischen Sozialisten, und zwar in der «Eintracht», ihrem Vereinshaus. Ja einige der fortschrittlichsten Pfarrherren bezeichneten es damals als erste Pflicht der Kirche, den Enterbten dieser Erde zu helfen und dem «Mammondienst, der sich der wahren Bruderliebe zu den Armen und Geringen durch billige Wohltätigkeit zu entledigen sucht», den Kampf anzusagen. Sie nannten die Kirche pflichtvergessen, und Neumünsterpfarrer Hermann Kutter, der den Mammonismus als den größten Feind des Christentums bezeichnete, versuchte um die Jahrhundertwende in seinem viel diskutierten Buch «Sie müssen» die göttlichen Triebkräfte in der sozialdemokratischen Bewegung nachzuweisen. Im Ausland als Zürcher Savonarola und helvetischer Tolstoi verspottet, wurde der redegewaltige Kutter in Zürich von vielen mit Zwingli verglichen.

Die Bibel der Sozialdemokratie...

...und das wahre Evangelium

Gott hat die Sozialdemokraten gewollt!

Daß anderseits viele «bessere Zürcher» von billiger Stimmungmacherei sprachen und die ganze Arbeiterentwicklung als bloßen Spuk betrachteten, beweist ein 1902 in der «Zürcher Wochen-Chronik» erschienener Artikel:

«Die in Zürich herrschende Richtung auf gesetzgeberischem und sozialem Gebiete macht den Besitzern großer Vermögen den hiesigen Aufenthalt zu einem recht ungemütlichen; die Behörden haben nicht den Mut zu zeigen, daß die Stadt Zürich froh sein muß, wenn reiche Leute hier weilen. Sie lieben es, sich eher den Anschein zu

Warum sollen sich die Sozialisten in Zürich wohl fühlen?

geben, als seien sie froh, wenn die Sozialisten sich in Zürich wohl fühlen. Von diesen lassen sich die Behörden recht viel gefallen, während Eingaben großer Steuerzahler oft in zu bureaukratischer Weise behandelt werden. Die Auffassung der Arbeiterführer über die Gleichheit der Bürger vor dem Gesetze ist im Grunde dem wahren Sinn für Gleichheit diametral entgegengesetzt. Ganz ungeniert dringen die Prinzipien des Vorrechtes für den Arbeiter und der Rechtlosigkeit für den Reichen in die Ratsäle hinein; man muß sie mitanhören, und es gibt eine ganze Anzahl gebildeter Freisinniger, welche es als inhuman erachten, gegen ungerechte Forderungen der Arbeiter aufzutreten. Man begnügt sich damit, zu vermuten, daß, je toller es die Führer treiben, um so rascher der Unsinn dem ganzen Volke klar werde.»

Vieles, was damals aufregendes Zeitereignis war, ist im Rückspiegel zur kleinen amüsanten Episode geworden. Als Beispiel sei der «Kulturkampf» um das Escher-Denkmal erwähnt.

Das kostbarste Gut eines Volkes sind seine hervorragenden Bürger!

«Das kostbarste Gut eines Volkes sind seine hervorragenden Bürger, durch deren Leistungen und Beispiele es auf höhere Stufen der Entwicklung geführt wird. Das Bild solcher Männer allen lebendig vor Augen stellen, heißt nicht nur jenen Tribut zollen, sondern auch eine Quelle nacheifernder Thatkraft erschließen», argumentierte der 1883 erlassene «Aufruf für ein Alfred Escher-Denkmal», den Gottfried Keller verfaßt hatte. Keller, zwar kein Freund des «Systems», hatte in Escher aber den Mann der Tat und des Weitblicks verehrt. Zudem hatte ihm dieser den Aufenthalt in Heidelberg finanziert, die Schulden in Berlin getilgt und ihn schließlich zum Staatsschreiber gemacht. Mit der Ausführung des Monumentes wurde Richard Kissling betraut, ein junger Solothurner, der mit einer Figur des «Zeitgeistes» an der Landesausstellung erstmals aufgefallen war. Den Arbeitern paßte ein «Denkmal für den autokratischen Politiker» nicht ins Konzept. Ja einige wollten das Monument, den neuen Geßlerhut, noch am Tage vor der offiziellen Einweihung stürzen, worauf der Zentralausschuß der Zürcher Werktätigen er-

Ein neuer Geßlerhut auf dem Bahnhofplatz

klärte, daß sich die Hände der zielbewußten organisierten Arbeiter nicht zu einer Zerstörung des Denkmals hergeben werden. «Im Volk lebt noch mehr Sinn für Kunst, als man anzunehmen scheint, und ist uns das Denkmal eines Volkunterdrückers verhaßt, so ist uns dasselbe anderseits als Kunstwerk heilig.»

Die Enthüllung des Denkmals am 23. Juni 1889 war absichtlich auf den Tag gelegt worden, an dem die Arbeiter Bürgermeister Waldmann (einst der reichste Eidgenosse und der selbstherrlichste Zürcher) als Befreier der städtischen Handwerker ehrten. Die Escher-Feier sollte das Waldmann-Fest überstrahlen und mögliche Schlachtenbummler von einer Teilnahme fernhalten. Die Freunde Eschers betrachteten das Denkmal als ihr Werk, auf ihrem Platz. Die Teilnehmer – in vorgeschriebener schwarzer Kleidung – wurden mit gedruckten Ausweiskarten eingeladen; der Festplatz vor dem Bahnhof war abgesperrt und von Militär bewacht.

Die Arbeiter verzichteten klugerweise auf eine Aktion, protestierten aber in der «Arbeiterstimme» unter dem Titel «Protzentum!» am Eröffnungstag: «Auf einem Privatkirchhof oder im Innern eines Bahnhofs, dem Weihrauch der Locomotiven ausgesetzt, wäre Eschers Statue am rechten Platz gewesen, aber nicht auf öffentlichem Grund. Es ist unsere feste Überzeugung, daß ein Tag kommen wird, wo das Denkmal, dessen Aufstellung am belebtesten Platz Zürichs nicht nur eine Taktlosigkeit, sondern dem Volke gegenüber eine Beleidigung ist, daß ein Tag kommen wird, wo durch Mehrheitsbeschluß der Bürger derselbe entfernt und an einem Ort ausgestellt wird, wo es nicht jeden Tag hunderte von Bürgern den Beweis liefert, wie man diejenigen ehrt, die es verstehen, auf Kosten des Volkes sich einen berühmten Namen und großes Vermögen zu erwerben.»

Taktlosigkeit und Beleidigung haben kurze Beine

Nun, der Tag des Gerichts kam nicht. 75 Jahre nach der Denkmaleinweihung fand die Abstimmung über den Platzumbau statt. Als sie zu scheitern drohte, wurde den Stimmbürgern im letzten Moment die Beibehaltung «ihres» Eschers zugesichert. In einsamer Höhe thront der «Züri-Herrgott» seit der Fertigstellung der Bahnhofpassage wieder mitten auf dem Platz, während es der Arbeiter weder als eine Taktlosigkeit noch als eine Beleidigung empfindet, täglich «untendurch» zu müssen.

Nach einer prächtigen von J. Ganz aufgenommenen und zum Verkauf ausgestellten Photographie.

Groß-Zürich oder Groß-Außersihl?
Oder: Erfreuliche Nachricht aus einer störrischen Stadt

Im Sommer 1892 umfaßte Zürich 28099 Einwohner und eine Fläche von 17 km². Ein Jahr später zählte die Stadt auf 45 km² 121057 Menschen. Der Traum von der Großstadt an der Limmat ging in Erfüllung, als die Zürcher bereit waren, den gerechten Preis dafür zu bezahlen. Zwar begann das Wort Groß-Zürich schon in den fünfziger Jahren durch die Presse zu geistern. Man wies nach, daß Zürich alle für eine Metropole typischen Merkmale aufweise und sich eines weltstädtischen Charakters erfreuen dürfe wie nie zuvor.

Ökonomischer und baulicher Aufschwung der Stadt

Tatsächlich hatten die Technisierung und die Industrialisierung des 19.Jahrhunderts, das mit der Verbreitung der Dampfmaschine nicht nur die Eisenbahn, sondern auch die ersten großen Fabriken gebracht hatte, in Zürich zu einem gewaltigen ökonomischen und baulichen Aufschwung geführt. Handel und Gewerbe brauchten Arbeitskräfte, von Commis bis zum Magaziner, vom Fadenzwirner bis zum Eisenhobler. Die Abwanderung vom Lande in die Stadt begann. Auf entlegenen und deshalb billigen Grundstücken schossen Mietskasernen aus dem Boden, «hinter deren nüchternen Mauern ein Proletariat heranreifte, das sich vom allgemeinen Profit ausgeschlossen sah». Anderseits waren die führenden Beamten und Unternehmer der Gründerzeit überzeugt, daß die Summe der egoistischen Handlungen der einzelnen mit dem Gesamtinteresse identisch sei. Jede gesetzliche oder behördliche Regelung, die der privaten Expansion und Spekulation Schranken setzte, wurde als unbefugte Einmischung abgelehnt. Natürlich fehlte es auch nicht an Kritik: «Mit Noblesse, die nicht verpflichtet, und Wohlwollen, das nichts kostet, hält man das Volk nicht warm.» Ja es kam soweit, daß der Obergerichtsschreiber einem unangenehmen Besuch mit dem Revolver die Türe wies.

Ein Redaktor des Winterthurer «Landboten», der sich über die egoistische und lächerliche Zürcher Aristokratie ausgelassen hatte, wurde an seinem Redaktionspult mit einer Pistole gezwungen, sich in einer schriftlichen Erklärung selber als «ehrlosen, feigen Schuft» zu bezeichnen.

Der Starke ist am mächtigsten allein!

«Wilhelm Tell», am 27. Dezember 1804 erstmals von einer deutschen Truppe in Zürich aufgeführt, war seither der unbestrittene Held auf den hiesigen Bühnen. «Hilf dir selbst, so hilft dir Gott!» und «Der Starke ist am mächtigsten allein!» waren Sentenzen, denen man vorbehaltlos Beifall zollte. Daß sich die Schwachen zur Selbsthilfe zusammenschließen könnten – auch dies eine Lehre aus Schillers «Tell» –, daran dachte in den besseren Rängen niemand ernstlich. Die Doppelbödigkeit der «Bühne als moralische Anstalt» wurde nicht wahrgenommen. Wer ins Theater ging, wollte sich bestätigt sehen und sich am hehren Feuer der Klassiker wärmen. Problemstücke waren nicht gefragt. Dafür opferte man weder Zeit noch Geld.

Es mag ein bloßer Zufall sein, daß der junge Gerhart Hauptmann zu eben jener Zeit in Zürich weilte, bei einem Spaziergang nach dem Burghölzli die letzten Zürcher Handweber sah und beschloß, über den schlesischen Weberaufstand ein aufrüttelndes Stück zu schreiben. Auch der in Fluntern wohnende Antibürger Frank Wedekind, der später «der scheinheiligen Gesellschaft Pfeffer in die Augen und Salz auf den Schwanz streute», war noch nicht gefährlich. Er verdiente damals sein Brot noch mit Reklametexten für Maggis Suppenwürze.

Außersihl in den roten Zahlen

Die in den siebziger Jahren besonders in die Ausgemeinden ennet der Sihl strömenden Arbeitermassen senkten indessen das Steuerkapital in

Außersihl pro Kopf der Bevölkerung auf 874 Franken, während es in der Stadt über 9000 Franken betrug. «Schlau wie der Kuckuck» hatte das immer wohlhabender werdende Zürich seine «Handlanger-Reservate» nach Außersihl verlegt.

Von 1880 an stand Außersihl in den roten Zahlen, und die Bevölkerung, zumeist billige Arbeitskräfte, nahm lawinenhaft zu. «75 Schüler sitzen hier in jeder Schulstube und sie wissen nicht, ob der Herr Lehrer über Nacht nicht über die Gemeindegrenze geflohen ist.» Es wurde immer offensichtlicher: an den eigenen Haaren konnten sich die Außersihler nicht mehr aus dem Sumpf ziehen, in den sie ohne eigene Schuld geraten waren.

Neu-Babylon an der Limmat

Eine Verschmelzung der zumeist notleidenden Ausgemeinden mit der Stadt konnte auf die Dauer die einzige Rettung sein. Die Tatsache aber, daß die Ausgemeinden zusammen eine dreimal so große Bevölkerung aufbrachten als Zürich selber, und die Furcht, in der vereinigten Stadt könnte eine neue politische Richtung ans Ruder kommen, schlachteten die Zürcher Gegner einer Stadtvereinigung weidlich aus. Auch auf der Landschaft sah man im Wachstum der Stadt eine Gefahr. Mit einem Sendschreiben «Neu-Babylon» erregte der Oberglatter Bauernführer Konrad Keller die bereits strapazierten Gemüter:

«In der löblichen Gemeinde Außersihl lebt man herrlich und in Freuden. Mehr als ein Drittel der stimmberechtigten Bevölkerung bezahlt keinen Centime Steuern, stimmt aber doch. Wie macht man es denn, daß der Karren trotzdem läuft? Nun, man macht zunächst einmal Schulden. Man hat bereits eine Million gepumpt. Und wenn der Kredit aufhört, wendet man sich an den Staat, damit dieser Rath schaffe. Nach dem Grundsatz: Jeder für sich und einer für alle!

Außer ihren Schulden besitzen die Ausgemeinden noch ganze Berge von Bauplänen und Projekten. Wenn dann einmal alle zusammen sind, wird erst recht mit der großen Kelle angerichtet. Gib mir deine Wurst, so lösch ich dir den

Durst! Die Tonhalle, der große Heulkasten, wird einige Hunderttausende verschlingen. Das Landesmuseum, der Raritätenkasten, welcher Glasscheiben, Kachelgeschirr und die kleidsamen Güllenröcke unserer werthen Vorfahren enthalten wird, ist auf die Kleinigkeit von 3 Millionen budgetiert, wird aber noch viel mehr kosten.»

Eine Petition des Außersihler Gemeinderates brachte schließlich den Stein ins Rollen. «Geschichte, die sich nicht machen will, so sehr sie sich machen sollte, die muß gemacht werden», schrieben die Außersihler am 1. November 1885 an den hohen Kantonsrat. Glücklicherweise standen sie mit dieser Ansicht nicht allein. Schon im Herbst 1881 war im Zürcher Tagblatt zum erstenmal ein Inserat erschienen, das in den kommenden Monaten und Jahren zur Freude der einen und zum Ärger der anderen alle acht bis zehn Tage wieder auftauchte:

Geschichte muß gemacht werden!

«Frage: Wann werden die Ausgemeinden mit der Stadt vereinigt?»

Auftraggeber war der auf der Hohen Promenade wohnende Kaufmann Karl Fierz-Landis, der damit die Vereinigungsfrage weckte und nicht mehr einschlafen ließ. «Die Frage schien keinen Tod zu haben; immer wieder erschien sie, und wenn man glaubte, derselben endlich los zu sein, stand sie erst recht wieder da. Kurz, es war nicht mehr zum Aushalten!» berichtete rückblickend der Redaktor des demokratischen «Zürcher Volksblattes» in Außersihl, Benjamin Fritschi-Zinggeler, der als Gemeinderat für die Petition verantwortlich war und von der gegnerischen Presse «Vereinigungsdiktator» apostrophiert wurde.

Der Vereinigungsdiktator Benjamin Fritschi-Zinggeler

Schützenhilfe erhielten die Außersihler vom Basler Professor Andreas Heusler, der in einem Gutachten schrieb:

Warum sind die Ausgemeinden in Not geraten?

«Wodurch sind die Ausgemeinden das geworden, was sie jetzt sind? Durch die von der Stadt Zürich ausgehende Attraktionskraft. Die Stadt hat den Sammelpunkt gebildet für die große Ausdehnung der Ausgemeinden; nicht nach Riesbach,

Blick von der Sihlbrücke nach Außersihl. Um 1912

62

Alt- und Neu-Zürich.

Gedenkschrift

zur

Vereinigung der Stadt Zürich mit den Ausgemeinden

1. Januar 1893.

Bevor wir aber an diesen Entscheidungstag herantreten, ist ein Rückblick auf den Gang der Bewegung außerhalb der Rathsäle unerläßlich. Gemäß Einladung des Kantonsrathes hatten sämmtliche 12 Gemeinden ihre Stellungnahme zur Vereinigungsfrage kund zu thun, und es dürfte für die Periode der Verfassungsrevision 1867/69 das politische Leben nicht mehr so regsam sich gezeigt haben, wie während der vorangegangenen Jahre. Mit Spannung sah man jeweils den zahlreich besuchten Gemeindeversammlungen entgegen, welche sich für oder gegen Zentralisation auszusprechen hatten. Die Freude und der Jubel war groß als die Altstadt am 1. Februar 1891 sich mit großem Mehr der Bewegung anschloß und die einflußreiche Gemeinde Riesbach folgte. Die Gegnerschaft verminderte sich täglich, die noch bestehende zeigte aber sehr viel Ausdauer und wurde darin durch die Bevölkerung der ländlichen Be-

Hr. Keller in Oberglatt, Redaktor des Bauernbundes.

zirke bestärkt, welche in der Existenz der Großstadt eine Gefahr erblickte und Schmälerung ihrer Rechte befürchtete. Dr. Scheuchzer von Bülach zeigte zwar, daß diese Befürchtungen unbegründet seien, aber er und seine im „Landschaftsklub" vereinigten Rathsgenossen vom Lande vermochten das durch den Führer der Bauernbewegung und Redaktor des „Bauernbundes", K. Keller in Oberglatt, aufgewiegelte Landvolk nicht vom Gegentheil zu überzeugen und die Annahme der Gesetzesvorlagen erschien sehr zweifelhaft. Aber gerade die maßlose Heftigkeit, mit der Keller gegen die Vereinigung eiferte, mußte den mancherlei einsichtigeren und selbständiger denkenden Landmann stußig machen, und ließ ihn der ruhigen Argumentation der Vereinigungsfreunde Gehör schenken. Die Keller'sche Kampfweise wird am besten illustrirt durch folgende Stellen aus seinem „Sendschreiben":

„Neu-Babylon. Die löbliche Gemeinde Außersihl, welche in wenig Dezennien von 1800 auf 20,500 Einwohner erhöhen, besitzt stattliche Häuser, Quartiere, Straßen, öffentliche Plätze, Schulpaläste, Turnhallen, Restaurationen, Kegelbahnen, Kasino und Volkstheater. Für gutes Trinkwasser ist gesorgt, doch thut man ihm wenig zu Leide. Man lebt herrlich und in Freuden, Polizeistunde giebt's nicht. Wo viel Licht, ist viel Schatten! Letzterer fällt auf die Finanzen. Alljährliche Defizite von Hunderttausenden sind bereits gegen 2½ Millionen angestiegen. Wie geht das zu? Woher nehmen! Bald gesagt, aber das Gesammtsteuerkapital beträgt nur 17 Millionen, Erwerbssteuer giebt es nicht und 35 Prozent, mehr als ein Drittheil der stimmberechtigten Bevölkerung, bezahlt keinen Centime Steuer. Nun, zunächst macht man Schulden. Man hat bereits eine Million gepumpt. Und wenn der Kredit aufhört, nun, alsdann wendet man sich vertrauensvoll an den Staat, damit dieser Rath schaffe, wie in Sternenberg, Fischenthal u. dergl. Jeder für sich und einer für alle!"

Besser und bequemer wäre es, Außersihl und noch 11 andere umliegende Gemeinden mit der Stadt in eine Commune zu vereinigen. Alsdann müßten die Besitzenden für die Nichtbesitzenden bezahlen. Dies ist richtig!

Es giebt einen Stadtrath, groß wie der Kantonsrath. Schon spricht man von Besoldungen der Stadträthe von 10,000 Fr. Alles wird mit der großen Kelle angerichtet. Dann giebt es Departements, Sektionen, Kommissionen, Bureaus mit Hunderten von Angestellten. Natürlich alles in der Wolle gefärbte Sozialdemokraten! Außer ihren Schulden besitzen die Ausgemeinden ganze Berge von Bauplänen und Projekten. Die Baulinien sind bereits ausgesteckt und werden nur deshalb ausgeführt, weil es mit den Finanzen hapert. Jetzt aber wird dem Uebel bald abgeholfen werden. Gibst du mir eine Wurst, so lösch' ich dir den Durst! Die Herren Architekten spucken sich schon in die Hände. Da giebt es Arbeit, Verdienst! Die Bauleitung des neuen Mädchenschulhauses, welches auf 800,000 Fr. und die Turnhalle allein auf 135,000 Fr. zu stehen kömmt, ist auf 45,000 Fr. budgetirt. Dann kömmt das linksufrige Limmatquai, nachdem das rechtsufrige den Voranschlag bereits kolossal überschritten hat. Für das Theater hat unsere Regierung 30,000 Fr. ausgeworfen, weil geistige Güter gepflegt werden müssen, lassen ein Hundert sich zum „Heulkasten", der große „Heulkasten", wird einige Hunderttausende verschlingen, der schönen Aussicht wegen. Das Landesmuseum, der „Raritätenkasten", welcher Glasscherben, Kachelgeschirr, die kleidsamen Güllenröcke unserer werthen Vorfahren, an welchen ein Pfuscher Kleze befestigt, welche aber mit 6000 Fr. die Elle bezahlt werden, enthalten wird, ist vorderhand auf die Kleinigkeit von 3 Millionen angewiesen und wird nicht mehr kosten. Die Klassen sind der Lehrer. Begreiflich! Bis jetzt beziehen die Elementarlehrer zirka 3000 Fr., die Sekundarlehrer 3600 Fr. Ist es dies nicht genug. Künftighin werden die Stadtschullehrer und Professoren, lassen sich mit 1000 Fr. pensioniren und 1000 Fr. von der Stadt und übernehmen sodann ein städtisches Amt, welches mit 4—5000 Fr. besoldet wird. Die Klassen werden fürderhin nur 50 befähigten Schülern bestehen, damit die große Zahl Unbefähigten, zu welchen einige Hunderttausende, die unbefähigten Vorfahren, kommen nach Regensberg. Rechnet man auf 10 Schüler 2 unbefähigte, so werden 100 neue Klassen errichtet werden müssen. In jedem Bezirk wird ein „Regensberg" gebaut. Hiezu kommen eine entsprechende Zahl Singlehrer, Musikdirektoren, Zeichnungsprofessoren, Turnlehrer, Gewerbeschullehrer, Fortbildungslehrer, Handarbeitsprofessoren, Weinbaulehrer u. s. f. Es giebt Ferienaufenthalte, Ausflüge nach Luzern und dem Rütli, Reisen nach Paris. Das Seminar wird erweitert und die Stipendien vermehrt. —"

Zu diesem Flugblatte gesellte sich dasjenige Wollishofens, welches sich wenigstens für die eigene Sache mit Ueberzeugungstreue wehrte, während Kellers Sendschreiben nur Agitationsmittel für seine Parteizwecke war.

Für die betheiligten Gemeinden mußte es einen guten Eindruck machen, daß angesehene Männer aus der Alt-Bürgerschaft der Stadt, Antistes Dr. G. Finsler, Schulpräsident Paul Hirzel, Professor E. Landolt, Stadtforstmeister Ulr. Meister und Stadtschreiber Dr. Paul Usteri, einige Tage vor der Abstimmung mannhaft zu Gunsten der Vereinigung votirten. Der Letztgenannte, Dr. Paul Usteri, hatte schon ein Jahr früher (in 12 Artikeln, in der N.-Z.-Ztg. erschienen) sich für die Vereinigung ausgesprochen und namentlich gegen die Umwandlung der städtischen Stiftungs- und Bürgergüter in Korporationsgüter protestirt. Die höheren Gesichtspunkte, von denen aus diese 12 Artikel

die Vereinigungsfrage behandelten, ihre Objektivität und die Vornehmheit der Sprache übten großen Einfluß aus. Es waren die 12 Apostel der Zentralisation, welche den Friedenszweige in das Land hinauszogen und das Evangelium der Gerechtigkeit und der Humanität predigten. Ihre Saat konnte durch die Keller'sche Propaganda nicht mehr ganz zerstört werden und die Freunde der Vereinigung blieben auch nicht müßig. In den größeren Ortschaften wurden Vorträge gehalten und durch Wort und Schrift für die Zentralisation gearbeitet. Die Spannung war aufs Höchste gestiegen.

Aber ruhig und freundlich stieg die Sonne am Entscheidungstage empor. Sie wollte augenscheinlich dem guten Werke dadurch zu Hülfe kommen, indem sie den Landmann durch ihr Erscheinen freundlicher stimmte, als es sein Prophet beabsichtigte. Und als urfernes Vorbild der Gleichheit küßte sie mit ihrem Flammenstrahl nicht nur die städtischen Berggipfel des Utos und des Zürichbergs, sondern auch dem Bachtel, der Lägern und dem Irchel galt ihr leuchtender Gruß. Himmlischen Flugblättern gleich huschten leise Wolken zuweilen über ihr Strahlenantlitz, um dessen Glanz zu beeinträchtigen, aber siegreich bestand sie die Kämpfe.

Unten auf der Erde nahmen sie den Kasten hervor, aus dessen Tiefe ein Theil der Geschichte des XIX. Jahrhunderts emporsteigt. Und hin zu ihm begann die Wallfahrt des souveränen Volkes, gleichsam als ob die Urne eine wunderthätige Madonna wäre. Hat sie aber, die Geheimnißvolle, nicht Wunder gewirkt, als sie im Bezirk Zürich mit 14,895 Ja und 5118 Nein, im Kanton mit 37,755 Ja und 24,870 Nein die Annahme des Vereinigungsgesetzes proklamirte?

Die untergehende Sonne verklärte die freudestrahlenden Gesichter der Sieger und ließ auch das zornfaltige Antlitz der Besiegten milder erscheinen. Sie hörte noch die Freudenschüsse Wiedikons, umspielte die wehenden Flaggen Außersihls und versank dann, um die Kraft der Freudenfeuer am Zürichberg nicht zu vukümmern. Den Höhepunkt erreichte die Siegesfreude begreiflicherweise in Außersihl. Dem natürlichen Triebe folgend, Freud' und Leid zu theilen, hatte sich der große Saal des Kasinos daselbst mit Einwohnern der Gemeinde gefüllt, denen sich auch bald von Wiedikon und Freunde aus der Stadt zugesellten. Nicht die Freude an der Niederlage der Gegner kam zum Ausdruck, sondern der Jubel eines aus unwürdiger Lage Befreiten, der nach jahrelanger Verleumdung, Verdammung und Mißhandlung zu seinem guten Rechte gelangt und das schuldlose Haupt wieder frei tragen darf. Wie ein Jubelruf, wie ein Tedeum Laudanum nach überstandener Gefahr erklang in Wort und Lied, und mancher Saulus der Vereinigung würde zu einem Paulus sich bekehrt haben, wenn er dieser unvergeßlichen Feier beigewohnt hätte.

Das Ergebniß der Abstimmung über das Vereinigungsgesetz in den betheiligten Gemeinden war Folgendes:

Zürich	2535	Ja	1731 Nein
Wollishofen	124	„	256 „
Enge	448	„	453 „
Wiedikon	1113	„	22 „
Außersihl	4440	„	43 „
Wipkingen	431	„	52 „
Unterstraß	635	„	150 „
Oberstraß	611	„	66 „
Fluntern	322	„	159 „
Hottingen	609	„	411 „
Hirslanden	438	„	137 „
Riesbach	1059	„	547 „

Zehn Gemeinden hatten somit mit überwiegendem Mehr sich für Verschmelzung erklärt, nur in der Enge war das Ergebniß derart, daß der Gemeinderath auf weitern Protest verzichtete. Das Gleiche erwartete man von Wollishofen, deren 124 Jasager es auch sein soll. Die Gemeinde und ihre Vertreter gaben den Kampf noch nicht auf. Erst nach Abweisung ihres beinahe auf die Abgeordnetenwahlen verschiebend einwirkenden staatsrechtlichen Rekurses durch das Bundesgericht gab sie den Widerstand auf.

So wird das neue Gemeinwesen als das größte der Schweiz mit Neujahr 1893 ins Leben treten, und es vollziehet sich damit eine bedeutsame Wandlung für die betreffenden Gemeinden. Längere Zeit wird es zwar bedürfen, bis der 12örtige Geist verschwindet und der Gemeinde-Namen werden noch oft genannt werden. Und wenn dann in späteren Jahren der vergangenen Zeiten und Gemeinderherrlichkeiten gedacht wird, so möge vorliegende Gedenkschrift erst recht gute Wirkung ausüben, und zur Auffrischung verblaßter Erinnerungen recht oft zur Hand genommen werden.

Hottingen usw., sondern nach Zürich ist der Zufluß der Bevölkerung gerichtet gewesen. Ist es billig, daß die Stadt die zufällige Beschränkung ihres Banns ausnutzt und allen Schwierigkeiten und Lasten der durch sie hervorgerufenen Bevölkerungszunahme aus dem Wege geht? Was hat Zürich zu der in allen Richtungen des Kulturlebens so bedeutenden und großartigen Stadt gemacht, als welche wir sie jetzt sehen? Mitgemacht haben auch die Ausgemeinden. Zürich allein hätte nie die Kräfte vereinigt, die ihm solche Erfolge ermöglichten.»

Was hat Zürich bedeutend und großartig gemacht?

Im Februar 1891 trat der Kantonsrat endgültig auf die Vereinigungsfrage ein und nahm sie im Mai mit gewaltigem Mehr an. Mit der «Ersetzung des Ausdrucks Vereinigung durch das angenehmer in die Ohren klingende Wort Zuteilung» machte man die Sache den Stimmbürgern noch etwas mundgerechter, obwohl niemand mit einer Annahme der Vorlage rechnete.

Wird Zürich Außersihl zugeteilt?

«Wer wird wem zugeteilt?» hieß es in den Tagen vor der Abstimmung, «nicht Groß-Zürich, sondern groß Außersihl wird das neue Limmat-Athen künftig heißen!» Aber auch an Einsichtigen fehlte es nicht. «So wie jetzt hat man den Bürger noch nie verhetzt!» schrieben in letzter Minute einige «wenige aufrechte Zürcher, die an den Fortschritt glauben». Groß war die Überraschung, die die Abstimmung am 9. August 1891 brachte: Das Zuteilungsgesetz wurde vom Kanton mit starkem Mehr angenommen, und zwar auch in der Stadt. In Oberstraß donnerten die Mörser, und in Außersihl feierte man ein zweitägiges Fest. Verworfen hatten die Ausgemeinden Wollishofen und Enge.

Die Vernunft siegt

Wollishofen rekurrierte gegen seine «zwangsweise Eingemeindung». Das Bundesgericht fällte den salomonischen Entscheid, daß eine einzelne Gemeinde sich gegen einen Akt des öffentlichen Staatsinteresses nicht auflehnen könne; die Bundesversammlung erledigte den Rekurs durch diskussionslosen Übergang zur Tagesordnung. Zum Zeichen, daß Wollishofen nicht aufhören werde, gegen die Vereinigung «hautement» zu protestieren, ließ es – als Relikt der untergehenden Kirchturmpolitik – einen allerletzten Protest in seinen Kirchturmknopf einkapseln.

Wollishofen rekurriert gegen seine zwangsweise Eingemeindung

Ganz verfehlt war, was der «Deutsche Sozialdemokrat» wenige Tage nach der Abstimmung schrieb: «Aus der Schweiz kommt die auch für uns erfreuliche Nachricht, daß Zürich, die Hochburg der Bourgeoisie, endlich in den Händen unserer Partei liegt. Es wurde nämlich vom Volk des Kantons Zürich die zwangsweise Vereinigung der störrischen und zöpfischen Altstadt mit dem weit stärker bevölkerten Außersihl beschlossen.»

«Erfreuliche Nachricht aus dem störrischen und zöpfischen Zürich...»

Wollishofen um 1890

Frage.

Wann werden die Ausgemeinden Zürichs endlich mit der Stadt vereinigt?

Wer war wer in Zürich?

Steckbrief 1: **Der Princeps**

Gottfried Keller sagte von ihm: «Ich würde schwerlich den ganzen Tag auf dem Schreibstuhle sitzen, wenn ich sein Geld besäße.» Tatsächlich war der junge, in Zürich geborene Mann rastlos tätig, und es gab nichts, was ihn nicht interessiert hätte. Nach dem Studium an der Zürcher Universität, das er mit der besten Prüfungsnote abschloß, wurde er Privatdozent, dann Vizepräsident des Großen Rates des Kantons Zürich, obwohl er das jüngste Ratsmitglied war, und wenig später Tagsatzungsgesandter. Im Nationalrat, der 1848 in Bern erstmals tagte, wurde er sogleich zum Vizepräsidenten und im Alter von 30 Jahren zum Präsidenten gewählt.

Bei der Gründung des Eidgenössischen Polytechnikums spielte er eine führende Rolle. Eine nach ihm benannte Motion beauftragte den Bundesrat, Vorbereitungen für den Bau von Eisenbahnen zu treffen. Später übernahm er die Leitung der «Nordostbahn» und baute ihr Netz entscheidend aus. Als eine Konkurrenzgesellschaft die linksufrige Zürichseebahn erstellte, deren Trassee sein Landgut im «Belvoir» zerschnitt, unternahm er nichts, um die Schädigung seines Eigentums abzuwenden. 1856 gründete er die «Schweizerische Kreditanstalt», 1863 stellte er sich an die Spitze der Gotthardbahn-Gesellschaft.

Seine Tochter heiratete den Sohn von Bundesrat Welti und spielte dann im Leben des Berner Künstlers Karl Stauffer eine tragische Rolle. Ihrem Vater wurde schon sechs Jahre nach dem Tod in Zürich ein großes Denkmal errichtet. Drei Jahre danach starb die Tochter, die den größten Teil des geerbten Vermögens als Gottfried-Keller-Stiftung der Eidgenossenschaft vermachte.

Alfred Escher

Steckbrief 2: **Der Utopist**

Im Zürcher Tagblatt wurde er als «ein aus der Art geschlagener Aristokratensprößling», im Lexikon als utopischer Sozialist bezeichnet. Geboren wurde er in Wiedikon als Sohn einer Familie, in der die Gelehrtenlaufbahn zur Tradition gehörte. Da er sich in der Schule wenig vorteilhaft auszeichnete, schickte ihn sein Vater in eine Gerberlehre. Seine Wanderjahre brachten ihn bis nach Paris, wo er sich für die sozialistischen Ideen Charles Fouriers begeisterte, die durch die Aufhebung der Klassengegensätze ein harmonisches Dasein anstrebten.

Wieder in Zürich, eröffnete er zuerst eine Gerberei, um sie bald mit der Politik zu vertauschen. 1851 in den Großen Rat gewählt, gründete er noch im gleichen Jahr zusammen mit seinem Freund den «Konsumverein Zürich». Der Name «Konsumverein» stammte von ihm und ist heute in der ganzen deutschsprechenden Welt ein Begriff geworden.

Zuerst reichte das Vereinsvermögen nur zur Anschaffung eines Postens Zigarren für Fr. 24.84; aber schon im zweiten Geschäftsjahr betrug der Umsatz 416 000 Franken. Bald sprach alle Welt vom Zürcher Konsumverein. Die Zeitungen der ganzen Schweiz berichteten darüber, und überall fand die Idee glückliche Nachahmer.

Als der Verein in Wiedikon aber zwei Ochsen schlachtete, griff die Polizei ein und untersagte den Verkauf. Erst als man im Rathaus vorstellig wurde, durfte für diesmal das Fleisch ausgewogen werden.

Karl Bürkli

Steckbrief 3: **Der Krösus**

Im Jahre 1903 beherbergte die Stadt Zürich laut einer vertraulichen Statistik 76 Millionäre, von denen der Professor für Elektrotechnik an der ETH das größte Vermögen besaß. Mit 11 Millionen war er weitaus der reichste Mann im Kanton, gefolgt von einem Zürcher Seidenfabrikanten mit 6,4 Millionen und einem Winterthurer Kaufmann mit 3,8 Millionen. Selbst die finanzkräftigste Zürcher Großbank lag um fast eine halbe Million hinter dem Gelehrten zurück. Väterlicher- und mütterlicherseits stammte der Zürcher Krösus von Bankiers und Bankdirektoren ab. Sein Vater hatte sich an hervorragender Lage in der Stadt eine Villa gebaut, die heute noch seinen Namen trägt und in der sich der Sohn ein hervorragendes Laboratorium einrichtete. Der Professor war für seine außerordentliche Großzügigkeit weiterhum bekannt. Als ein Brief mit der Adresse «An den großen Wohltäter in der Schweiz» in Zürich eintraf, stellte ihn die Post dem Professor zu. Daß die Zürcher Zentralbibliothek zustande kam, ist weitgehend seiner finanziellen Unterstützung in der Höhe von über 700 000 Franken zu verdanken. Es gab in Zürich keine wohltätige und gemeinnützige Organisation, die von ihm nicht tatkräftig gefördert wurde. Er starb 1923, und vier Jahre nach seinem Tod wurden in Fluntern eine Straße und ein Platz nach ihm benannt.

Gustav Adolf Tobler

Steckbrief 4: **Der Arbeitervater**

Im Sommer 1914 schrieb das Tagblatt in der Jubiläumsnummer zu seinem hundertjährigen Bestehen: «Sozialismus – fremde Handwerksgesellen haben dieses Importgewächs bei uns eingeführt!» Einer dieser Handwerksgesellen war als wandernder Buchbinder 1865 nach Zürich gekommen. Aufmerksam wurde man auf ihn, als er 1876 in einem Zeitungsartikel «Die Befreiung des Weibes» für Männer und Frauen gleiche Entlöhnung und vollständige politische Gleichberechtigung forderte. Im folgenden Jahr wurde er Zürcher Bürger und Redaktor an der Zeitung des Schweizerischen Arbeiterbundes, wo er sich für die Abschaffung der Todesstrafe und das kantonale Bankmonopol einsetzte. Nach seiner Suspendierung arbeitete er als Kaffeeröster, dann wurde er Vorsteher des Kantonalen Statistischen Amtes und 1887 Schweizer Arbeitersekretär.

Im Zürcher Großen Rat, im Kantonsrat und im Nationalrat galt er als einer der unerschrockensten und maßvollsten Redner. Als er 1918 im Nationalrat über die bedrohte Lebensmittelversorgung unseres Landes sprach, wies er die unaufmerksamen Räte zurecht: «Meine Herren, wenn Sie für einen Augenblick Ihre Privatunterhaltungen unterbrechen und aufhorchen wollen – das Volk hat Hunger! Das ist etwas, was Sie nie gekannt haben...»

An einem Sonntag des Jahres 1925 warteten die Textilarbeiter des Tößtales vergeblich auf den 83-jährigen «Arbeitervater», der zu ihnen über die Zukunft der Weberei reden sollte. Er war am selben Morgen in Zürich in seinem bescheidenen Häuschen in der Klus gestorben.

Hermann Greulich

Steckbrief 5: **Die Dichterin**

Ihre Mutter war eine bekannte religiöse Dichterin, ihr Vater Landarzt in der Nähe Zürichs und ihr Mann Zürcher Stadtschreiber. Als sie selber zu schreiben begann, ahnte sie nicht, daß ihre Jugendbücher von allen Schweizer Autoren einst die höchsten Auflagen erreichen würden. «Das macht ihr keiner nach», sagte C.F.Meyer, der sie als einzige befähigt hielt, über seine Manuskripte ein maßgebliches Urteil abzugeben. Ihr erfolgreichstes Buch erschien 1880, wurde bis heute in über dreißig Sprachen übertragen und schon ein halbes dutzendmal verfilmt. Die Titelfigur dieses Buches, ein Waisenkind, das nie wirklich gelebt hat, ist heute auf der ganzen Welt die bekannteste Schweizerin. Leider vernichtete die Autorin fast ihren ganzen Nachlaß, so daß im kleinsten Zürcher Museum, das ihr gewidmet ist, nur wenige Originalakten der Dichterin gezeigt werden können.

Johanna Spyri

69

Zürich, das Hauptlager der Jasser
Oder: Anfang und Ende der Geselligkeit

Jeder Zürcher ein geborener Vereinsmeier «Der Zürcher ist sozusagen zum Vereinsmitglied geboren», schrieb 1887 das nach der Landesausstellung eröffnete Offizielle Verkehrsbureau in seinem in Leder gebundenen und mit Goldprägung versehenen Reiseführer. «Von der ganzen männlichen Bevölkerung müßte es schwer fallen, nur ein Dutzend herauszufinden, welche nicht irgend einer Gesellschaft oder einem Verein angehörten. Von dem Moment an, da sich die Schulthüre hinter dem in's öffentliche Leben tretende Jüngling schließt, fangen die Vereinsstatuten an, für ihn eine Rolle zu spielen; und das dauert gewöhnlich fort, bis sich die Palme über das stillgewordene Herz legt.»

Tatsächlich erreichte die Zahl der Vereine in Zürich eine schwindelerregende Höhe. 1887 zählte man in der Stadt, die damals nur das Gebiet des heutigen Kreises 1 umfaßte, neben den Zünften 403 Vereine, von denen die Jahrgängervereine, die alle Gleichaltrigen umfaßten, die volkstümlichsten waren. Ihr Vereinszweck war die Geselligkeit. Nachwuchssorgen kannten sie keine; sie waren statutarisch zum Aussterben verurteilt.

Vom ersten Trinkgelage bis zum letzten Becher «Anfangs zahlreich, schmelzen die Jahrgängervereine im Verlaufe der Jahre zusammen und bieten ein anschauliches Bild der Vergänglichkeit des menschlichen Lebens. Ihre Protokolle sprechen auf den vorderen Blättern von Jugendlust und Trinkgelagen, von frohen Fahrten und sind voll Scherz und Schabernack. Nach und nach werden sie ernster und immer ernster und nehmen gegen das Ende hin einen düsteren Ton an, und die paar Letzten, die ihre Tafelrunde in Greisenverein umbenannt haben, gedenken mit Wehmuth aller ihrer dahingegangenen Genossen. Stirbt der Zweitletzte, so ist die Herrlichkeit zu Ende, denn ein Einziger ist ja kein Verein mehr. Dieser Letzte erbt das Vermögen seiner Jahrgänger, das bescheiden genug ist und meistens in einem silbernen Becher besteht. Wenn er etwa daraus trinkt, so gehen ihm die Augen über und bald trinkt auch er keinen Tropfen mehr.»

Vereine zur Förderung der Kunst und zur Beseitigung sozialer Übelstände Neben den 53 geselligen Vereinen hatte die Kunstpflege in 77 Lese-, Bibliotheks-, Gesangs-, Musik- und Dramatischen Vereinen den Vorrang, noch überragt von 115 Gemeinnützigen, Kranken- und Begräbnisvereinen, die «sämtliche dahin tendieren, sozialen Übelständen Abhilfe zu verschaffen oder aber der Armut lindernd beizuspringen. Der lokale Charakter streift sich hier in lobenswerther Weise ab, und die Einwohnerschaft, ob Bürger, Niedergelassene oder nur Aufenthalter, finden dort Auskünfte und Hilfe. Dabei aber wird mit einer gewissen Strenge darauf geachtet, daß der Bettel und das Absuchen der Häuser durch Hilfsbedürftige möglichst unterdrückt wird.»

Viele Vereine schlossen ihre Jahrestätigkeit «zur Erhebung des Herzens und des Kassabestandes» mit einem fröhlichen Tanzkränzchen. Auch Sport- und Turnvereine gab es schon. Und zwar ganze drei Dutzend, von denen sich die exklusiveren «Klubs» nannten. Entgegen anders lautenden Berichten hatten es die Pioniere der «hygienischen Leibesübungen» in Zürich nicht leicht. Auf körperliche Ertüchtigung und Abhärtung gab man in der Zwinglistadt wenig. Gottfried Keller schrieb als Sechzigjähriger an einen Freund: «Vor 12 oder 15 Jahren gab es hier eine Gruppe von 40–50jährigen Männern, die den Winter durch kalt badeten und sich am See täglich das Eis aufschlagen ließen. Sie wollten urgesund und uralt werden; jetzt lebt kein einziger mehr davon. Einige davon rannten im Sommer täglich, manchmal zweimal, im Winter wöchentlich zwei- bis dreimal auf den Üetliberg. Sie sind wo die andern.»

Als 1888 im Sihlhölzli zwischen den Grasshoppers und den Polytechnikern – den Ball hatte man in England bestellt – das erste Fußballspiel ausgetragen wurde, berichtete die Presse: «Man sollte es nicht für möglich halten, daß unserer Jugend nichts Gescheiteres einfällt, als einem schmutzigen Lederball nachzurennen. Dabei gibt es so viele Möglichkeiten, seine freie Zeit nutzbringend anzuwenden!»

Die «vornehmeren» Vereine, zu denen die verschiedenen Klubs wie Grasshoppers, Reitklub, Seeklub und auch der Lesezirkel Hottingen gehörten, gaben sich nicht mit einem Kränzchen zufrieden. Sie luden zu einem Ball ein. Dieser fand im Hotel Bellevue, Baur au Lac oder National, später in der Tonhalle oder im Dolder statt, und die Preise der Eintrittskarten von etwa 14 bis 20 Franken durften als respektabel bezeichnet werden.

Klub-Bälle atmeten zumeist eine Atmosphäre feierlicher Korrektheit. Die Damen erstrahlten in prächtigen, dekolletierten Toiletten und waren bemüht, sich ihrer Fächer mit unnachahmlicher Grazie zu bedienen. Für die Herren galten Frack, der beim Tanzen etwas hinderliche, zusammengeklappte Chapeau-Claque und weiße Glacéhandschuhe als unerläßlich.

Eine Gepflogenheit, die heutzutage kaum mehr geschätzt würde, bestand darin, daß die Wände nicht bloß von einzelnen Mauerblümchen geziert wurden, sondern auch von zahlreichen Müttern, die ihre Töchter chaperonnierten und die Kavaliere durch die Lorgnette einer kritischen Musterung unterzogen. Tanzte man mehrmals mit derselben Dame, ging bereits ein Raunen und Flüstern durch den Saal.

Der Nimbus solch besorgter, liebevoller Etikette schwebte namentlich über den «Akademischen Bällen» – heiß ersehnt von den jungen Zürcherinnen, die, frisch vom Welschland aus einem («Löffelschleife» genannten) Pensionat heimgekehrt, nun im feierlichen Rahmen dieses «Lämmerhupfs» zum erstenmal den Schritt in die «große Welt» tun durften.

Als erstes mußte der Tänzer seinen Namen ins «Carnet de bal» der Dame eintragen, die er für eine bestimmte «tour» engagieren wollte. War die obligate, durch den ganzen Ballsaal sich schlängelnde Polonaise beendigt, so kamen die beliebten Schottisch, Walzer, Mazurkas an die Reihe und zum Schluß ein wilder Galopp.

Das war in den achtziger Jahren so. Kurze Zeit später kam die «Washington Post» dazu. John Philip Sousa hatte sie im Sommer 1889 für ein riesiges Schülerfest der gleichnamigen Zeitung komponiert. Fast über Nacht hatte dieser hinreißende Two-Step Europa erobert; amerikanische Rhythmen begannen den europäischen Tanzformen den Rang abzulaufen. Carl Zuckmayer sah als kleiner Knabe den verruchten Tanz in der Schweiz zum erstenmal: «Das war der neue, der berühmte, der amerikanische Tanz, von dem es hieß, er sei so unsittlich wie der Can-Can – kein anständiger Mensch, höchstens Leute vom Theater würden so etwas tanzen. Der Klavierspieler wackelte mit dem Steiß und hieb auf die Tasten los. Die Herren standen – quelle horreur! – hinter den Damen, einen Arm von rückwärts eng um die geschnürte Taille gelegt, den andern, der die Tänzerin bei der Hand hielt, graziös in die Höhe gestreckt. Und schon ging es los, rechts rechts – links links – die Füße zweimal vor, zweimal zurück und zweimal auf der Stelle hin und her, dann Galopp-Galopp, daß man die Volants der Unterröcke wehen sah, bocksmäßig springend quer durch den ganzen Saal, wobei die Herren ihr Embonpoint fest an die Rückseite ihrer Damen preßten.»

Den eigentlichen Höhepunkt jedes Tanzabends bildete der verschiedene Touren umfassende Cotillon. Die Kavaliere beschenkten ihre Auserwählten mit kleinen Blumenbuketts, während die Damen sich mit unerhört phantasievollen, silbernen und goldenen Orden revanchierten, so daß die Frackrevers eines routinierten Herzenknickers für den glitzernden Segen kaum ausreichten. Beim Morgengrauen wurden auf höheren Befehl, der damals noch etwas galt, die jungen Damen nach Hause gefahren, während die dekorierten Herren in einem «Nachtfalter-Café» ihre Eindrücke und Kritiken austauschten. Zart gesponnene Fäden später etwa auf Spaziergängen oder gar beim Baden enger zu knüpfen, hätte für das fehlbare Pärchen kaum auszudenkende Folgen gehabt. Um so beflissener versuchte man, sich auf dem Eisfeld und auf Schlittenpartien wiederzusehen.

Ein verrirrtes Liebespärchen ist kein Freiwild

Wie hart gewisse «Libertinagen» beurteilt wurden, beweist ein Gerichtsbericht aus dem Jahre 1904: «Im Stöckentobel wurde jüngst ein Liebespärchen, das den Weg verfehlt hatte, von zwei Männern, in grober Weise insultiert und dann mit Schlägen traktiert. Es haben sich jetzt die Gerichte der Sache angenommen und es wurden die beiden ‚Herren‘ – der eine ist Metzgermeister, der andere Bankprokurist – unter Anklage gestellt. Beide wurden wegen Körperverletzung, der Metzger wegen unsittlicher Handlungen eingeklagt. Es mag ja wohl das Pärchen, das die Beiden nachts um 1 Uhr oberhalb des Stöckentobels bei der ‚Schleife‘ trafen, auch nicht ohne Fehl gewesen sein, aber es war zum mindesten keine noble Handlung, daß die beiden Männer sich in solcher Weise benahmen, speziell gegenüber der Frauensperson.»

Daß es in den Vereinen schon damals Nachwuchsschwierigkeiten gab, bewiesen die im Mai 1902 in Zürich tagenden Vorstände der deutschschweizerischen Kantonalgesangvereine, die berieten, wie dem Niedergang des Volksgesanges gesteuert werden könne. «Man stellte im allgemeinen fest, daß der leidige Jaß viel zu viel Anziehungskraft auf die jungen Leute ausübt, so daß sie dessen Ruf eher folgen als dem der Gesangsübung.» Merkwürdigerweise war aber das Jassen einige Jahre vorher vom Verkehrsverein geradezu als Ursache der allgemeinen Vereinsfreudigkeit bezeichnet worden: «Wann der edle Jaß entstanden und woher er kam, das meldet kein Historiograph; aber daß er in der ganzen deutschen Schweiz sozusagen als ‚Nationalspiel‘ gilt und in dieser hinwieder Zürich als sein Hauptlager bezeichnet wird, liest man in den Kulturgeschichten und verschiedenen Reisebüchern. Beim Jassen kömmt die Zutraulichkeit und die Munterkeit, und ein solches Spiel zu vier Theilnehmern, wie ein ‚Kreuzjaß‘, ein ‚Pandur‘ oder ein ‚Kritischer‘ des Mittags als ‚Kaffeejaß‘, des Abends als ‚Gemüthlicher‘ bezeichnet, dürfte als Anfang zu der hiesigen Vereinsvorliebe betrachtet werden.»

Zürich, das Hauptlager der Jasser

Wer hatte in der Beurteilung des Jassens wohl recht? Eine Antwort erübrigte sich, als wenige Jahre später die «unselige Vergnügungstechnik» auch in Zürich Einzug hielt und die «sensationsgierigen Massen» von der Vereinsprobe und vom Stammtisch weg ins Kinemathographentheater und an die «Phonographen-Tankstelle» lockten.

Ein Sommermorgen um 1905 am Limmatquai. E gab weder Autos noch Zebrastreifen. Der Bürger war auf der Straße König. Rechts in der Limmat stehen noch die Fabrikgebäude am unteren und oberen Mühlesteg

Am Auffahrtstag ge-
hörte eine Wanderung
auf den Uetliberg zur
Zürcher Tradition.
Aufnahme um 1895

Entwürfe zu Ansichts-
karten beliebter Zürcher
Bierrestaurants.
(Grafische Sammlung
der Zentralbibliothek)

Spiessbürgerliche Moralheuchelei in Zürich.

Vom „Corso" sprechen sie mit tiefster sittlicher Entrüstung und laufen derweil schnurstracks ins „Panoptikum"
zu den nackten Samoa-Weibern!

AMERICAN·BAR
=GRAND·CAFÉ=
ZÜRCHER·HOF

Plakat von
Fritz Boscovits,
1912

Ein riesiges Volksfest
war das Eidgenössische
Schützenfest vom 7. bis
18. Juli 1907 mit einem
großen Vergnügungspark
im Albisgütli

Zürcher Nachtbild.

„Kutscher, nach — — — —"
„„Weiß schon.""

Erstes Automatenrestaurant. 1901

Hoteliers & Wirthe

— Zürich erhält in nächster Zeit nicht nur ein, sondern gleich zwei automatische Restaurants, und zwar beide an der untern Bahnhofstraße. Die bezüglichen Umbauten werden mit Eifer gefördert.

-m- Das bekannte „Café de la Terrasse" am Sonnenquai erhält mit dem kommenden 15. Juni eine neue Firma: es wechselt mit dem genannten Tag seinen Pächter und wird von dem bekannten Restaurateur C. Hein aus Baden-Baden von da ab als „Café de la Terrasse, Confiserie Perimond Rumpelmeier Nachfolger" weitergeführt. Der zum Restaurant gehörende Garten wird durch Hinzunehmen eines Stückes der städtischen Anlage zwischen Hotel und Wettersäule wesentlich vergrößert; die Arbeiten hiezu sind bereits im Gange.

* Ein theurer Kuß fand vorige Woche ein kostspieliges Nachspiel im Selnau. Eine stadtbekannte Wirtin ließ sich von einem Gaste küssen und die Treppe hinauf begleiten, was der ritterliche Wirt natürlich nicht dulden konnte. Nun mußten die Zeugen unterschreiben, es kam zum Wortwechsel, zu Liebenswürdigkeiten und schließlich zu gegenseitiger Klage. Die Richter straften etwas einseitig beide Teile, verhängten sogar eine Ordnungsbuße und schickten die Parteien wieder heim.

* Eine phänomenale Erscheinung, für die sich selbst Wien und Berlin stark interessirte, ist derzeit im Restaurant Schöchlischmiede, Niederdorf, Zürich, zu sehen. Es ist dies ein 11 Jahre alter Knabe, der volle 172 Pfunde wiegt und der als weitere Kuriosität an jeder Hand 6 Finger und an jedem Fuß 6 gut entwickelte Zehen hat. Man hat uns die „gewichtige" Person persönlich auf dem Redaktionsbureau vorgestellt und wir denken, daß sich bei unsern Lesern das gleiche Interesse wie bei uns kundgebe. Die Wissenschaft hat da wieder ein Rätsel der Natur zu knacken, mit dem sie sich schon stark abgemüht hat.

* Einen Mann mit einem anderthalb Meter langen Bart zu sehen, gehört gewiß zu den sog. Meerwundern. Ein solcher servirt gegenwärtig im altbekannten Restaurant zur Schöchlischmiede im Niederdorf, Zürich, für etliche Tage und wird sicher manchen Neugierigen herbeilocken.

* Das gestohlene Mädchen. Menschen aus fernen, uns unbekannten Weltteilen widmen Europäer immer ganz besonderes Interesse. Wir Zürcher sind durch Herrn Mebes zur Platte, wie schon oft, so auch jetzt wieder mit einer neuen Erscheinung überrascht worden. — In den Urwäldern Siams leben noch die sog. Haarmenschen, welche mehr und mehr zusammenschwinden. Der König von Birma ließ durch seine Krieger eine Familie mit einem Kinde stehlen, resp. fangen und in seine Hauptstadt bringen. Im Jahre 1882 kam das Kind, 5 Jahre alt und noch total behaart, nach England und sein Adoptivvater ließ es unterrichten. Jetzt ist Krao, so heißt das Mädchen, 18 Jahre alt und hat beinahe alle größeren Städte Europas kennen gelernt. Sie spricht geläufig Deutsch, französisch und englisch und bekundet als Kind des indischen Urwaldes eine bedeutende Intelligenz. Ihr Vater ist leider vor der Reise nach Europa gestorben, die Mutter wurde vom König von Birma zurückbehalten. Wir wollen unsere Indiskretion nicht zu weit treiben, aber das dürfen wir mit Ueberzeugung sagen, daß ein Besuch im Plattengarten gewiß keinen gereuen wird, und auch Frauenzimmer dürfen bedenkenlos einen Besuch wagen.

* Carmen ist wieder da! jubelten eines Tages die Stammgäste der Militärhalle in Außersihl. Und richtig, die schöne Spanierin kredenzte den Trank mit alter, wohlbekannter Grazie und mancher Neugierige saß eine Stunde länger, als in seinem ehelichen Pflichtenhefte die Erlaubnis lautete.

* Eine Frau mit starkem Bart ist immer etwas seltsames. Eine solche befindet sich seit einigen Tagen im Restaurant Schöchlischmiede, Niederdorf, und lockt manche neugierige Seele und viele kaum bestaubten Jungens herein. — Die Dame hat eine auffallende Aehnlichkeit mit einem hiesigen bekannten Herrn.

Die Mode der Belle Epoque war ein Privileg der weiblichen Hautevolee. Die Männer kleideten sich dunkel und unauffällig. Gelegentliche Extravaganzen beschränkten sich auf den für alle obligatorischen Hut

Foto rechts: Mode um 1904 (Archiv Jelmoli)

Mode

— Wie die unmöglichsten Farben, so vereiniat man heute die unmöglichsten Begriffe! Das Seidenhaus Grieder umgab seine Modenschau mit Tango-Einlagen, mit einer philanthropischen Glorie, indem es den Erlös der zehnfräntigen Eintrittskarten unter die hiesigen Ferienkolonien und den Verein für Mütter- und Säuglingsschutz verteilt. Somit war die neueste Allianz, Mode

und Philanthropie, geschlossen. Ob die beiden sich auf die Dauer vertragen, bleibt noch abzuwarten. Sicher ist, daß die Harmonie bei diesem ersten Versuche am 11. März durch keinen Mißton getrübt wurde. Außer dem notwendigen Uebel einiger Zeitungsmenschen und einem liebenswürdigen Geistlichen, der mit seinem Erscheinen eine Freundschafts- und Anstandspflicht gegen die Veranstalter erfüllte, war nur die elegante Welt Zürichs zu treffen. In bequemen Klubfauteuils saß das wohltätige Publikum, zu vieren an den einladend gedeckten Kaffeetischen, und ließ sich die jüngsten Pariser Neuheiten durch die durchwegs sehr anmutigen Mannequins vorführen. Teils durch die Musik der Hauskapelle, teils

durch Gramola-Vorträge der Firma Gebr. Hug begleitet, stiegen die Trägerinnen des neuesten Chifs über teppichbelegte Treppen in den untern Saal und von dort zum oberen hinauf. Rhythmisch, dezent schritten die schlanken Schönen durch die feierliche Stille und ihr Anblick wurde mit einer Andacht genossen, ... die vielleicht manchen der anwesenden Ehemänner mit bangen Ahnungen erfüllte. Uebrigens, wenn man sich einmal damit abgefunden hat, daß der moderne Mensch eine Stiefmutternatur ist, der seinem Aeußern alles und seinem Innern nichts zukommen läßt (den Magen natürlich ausgenommen), so findet man auch das restlose Aufgehen in einem solchen Kleiderparadiese erklärlich.

An Kneipen ist Zürich überreich,
weil jeder, der nicht prosperiert, sogleich ...

Wer nichts wird, wird Wirt!

An Kneipen ist Zürich überreich,
weil jeder, der nicht prosperiert
in seinem sonst'gen Beruf, sogleich
eine Wirtschaft etabliert.

Da schenkt er Bier und Weine aus,
in der Regel nicht grade die besten,
und macht ihm die schwere Arbeit Graus,
so jaßt er mit seinen Gästen.

Der Zürcher weiß schon, woran er ist,
er kann seinen Wein vertragen;
doch dem ungewohnten Fremdling frißt
er Löcher in den Magen.

So schrieb ein anonym gebliebener Verseschmied 1894 in einem gereimten Stadtführer «Lebende Photographien für Einheimische und Fremde». Damals zählte man in Zürich zum Leidwesen der Obrigkeit 1029 Gasthöfe, Bier-, Wein-, Kaffeewirtschaften und Konditoreien. Gelegentliche **Unnütze Ermahnungen gegen das Wirtshaushocken** Ermahnungen gegen das «allgemeine Wirtshaushocken» nützten wenig, da andere abendliche Zerstreuungen viel seltener waren als heute. Vorträge und Bildungskurse für die Allgemeinheit gab es nur in beschränktem Maße, die Veranstaltungen des Lesezirkels Hottingen richteten sich an literarische Feinschmecker, die Akademischen Rathausvorlesungen hatten ihren bestimmten intellektuellen Abonnentenkreis, Theater- und Konzertbesuch waren für manches Portemonnaie unerschwinglich. Dafür blieben die Wirtshäuser offen, solange sie nur wollten, war doch gerade im Jahre 1893 die Einführung der Polizeistunde vom Volke mit Entrüstung verworfen worden. Eine häufige Begleiterscheinung jener etwas gar zu alkoholfreudigen Epoche war die Begegnung mit einem «Rauschmann». Der Jugend machte dies zumeist Spaß, weniger den Frauen und Töchtern, die sich deshalb zu später Nachtzeit kaum ohne männliche Begleitung auf der Straße zeigten.

Seegfrörni im Januar 891. Rechts im Hintergrund wird eben das Stadttheater gebaut

Größere Weinstuben befanden sich hauptsächlich in den Hotels und Zunfthäusern. Der «Schwertkeller» bei der Gemüsebrücke war der Treffpunkt junger Akademiker, schwarz gekleideter Nihilisten, emigrierter deutscher Sozialisten und neugieriger Gymnasiasten, die hier im mystischen Halbdunkel an Fässern saßen und bis zum Morgengrauen die Welt verändern wollten. In Restaurants wie Kronenhalle und Veltlinerkeller verkehrte ein gutbürgerliches Publikum. Ihre speziellen Gäste besaßen die waadtländische, die italienische und die spanische Weinhalle: **Weinstuben und Bierhallen**

Das Walliser Stübli ist niedrig und klein,
kein Gold deckt der Wände Blöße,
doch wunderbar süffig ist der Wein
und die Beefsteaks von riesiger Größe.

Die Weine von Bünden und vom Veltlin
verschenkt der Veltliner Keller,
und wenn du es wagst, dorthin zu ziehen,
vertrinkst du den letzten Heller.

Von der «Lebewelt» wurde vor allem die Americanbar im Hotel Baur au Lac frequentiert. Was die Weinrestaurants betrifft, so sahen diese in den großen Bierhallen bald eine gewaltige Konkurrenz entstehen. Zum Leidwesen der Zürcher Brauer kam dort hauptsächlich Kulmbacher, Pilsner, Hackerbräu und Münchner Bürgerbräu zum Ausschank.

Wer auf Schweizer Bier den Sinn gewandt,
kann reiche Auswahl haben,
jedoch verleiht das Vaterland
nicht immer die besten Gaben.

Auch würden mich, sagt' ich noch mehr,
die Brauer zur Rede stellen,
vorsichtig nenne ich daher
nur fremden Bieres Quellen.

Ein Hackerbräu prima Qualität,
das findet man im Kropfe;

85

wer dort sich festgesetzt, der geht
nicht vor dem fünften Topfe.

Das Münchner im Franziskaner kann
und im Metzgerbräu man loben;
die letztere Sorte findet man
auch auf der Jakobsburg oben.

Wer gerne kühles Pilsner zecht,
kann sich im Gotthard laben,
und trefflich ist es, klar und echt,
in der Meyerei zu haben.

Beliebte Gartenwirtschaften Besonderer Gunst erfreuten sich beim großen Publikum die Gartenwirtschaften: die «Blaue Fahne», wo der stadtbekannte Papa Krug seines Amtes waltete, das «Drahtschmidli» in Unterstraß und der besonders attraktive «Plattengarten» in Fluntern. Lauschige Grottenbeete mit Gnomen und Zwergen, ein kleiner Tierpark, eine rieselnde Quelle und eine Kegelbahn fanden sich dort malerisch vereint. Der besondere Stolz des Plattengartenwirtes Friedrich Mebes war der **Der größte Stammtisch der Schweiz** größte Stammtisch der Schweiz, der im Fuß einer aus Rifferswil stammenden Riesenlinde von 3½ Meter Durchmesser bestand. Umlagert war er zumeist von einer bunten Studentenschar, unter denen die Russinnen mit kurz geschnittenem Haar und Männerhüten und die Spanier mit kurzen Kapuzen-Radmäntelchen besondere Aufmerksamkeit erregten.

1893 produzierte sich im Plattengarten eine Singhalesen-Karawane, der ein um so stärkerer Zuspruch beschieden war, als die Polizei vorher sämtliche Zirkusgesuche abgewiesen hatte. Auf eine Beschwerde der Nachbarschaft hin mußten die Artisten während der Woche im Glaspavillon bei geschlossenem Fenster gastieren, wobei das Trommeln tunlichst einzuschränken war. Etwas später wurde das verehrte Publikum durch die **Die staunenswerteste Schöpfung der Neuzeit** Vorführung einer Alpenbahn – «die staunenswerteste Schöpfung der Neuzeit» – in Aufregung versetzt. Ein Gesuch, im Plattengarten «als Laune der Natur» ein Doppelkalb vorführen zu dürfen, fand vor der hohen Obrigkeit enttäuschenderweise keine Gnade. Vorübergehend wurden hier auch Operetten dargeboten; aber die Einnahmen blieben immer weit hinter den Auslagen zurück.

Die Konkurrenz um die Gunst des wenig wohlhabenden Publikums war groß. Mit Attraktionen versuchte man da und dort den Umsatz zu fördern. Beliebt waren Walzersängerinnen, Zithervirtuosen, Clowns, Jongleure, Negerhäuptlinge und Jodlergruppen «in Sennentracht». Ein Wirt lockte mit der «dicksten Kellnerin», ein anderer mit einem anderthalbjährigen, lebenden Kind, das fünf Beine hatte. Der Schuhmacher Jean Speck, der später das «Panoptikum» und Zürichs erstes Kinotheater eröffnete, wirtete 1895 im «Weißen Kreuz» an der Schifflände und danach am Predigerplatz, wo er tätowierte Damen, Zwerge und Riesen, Fakire, Feuerfresser und Bauchtänzerinnen auftreten ließ.

Gut Ding will Weile haben! An der Badenerstraße wurde – Vorausbestellung: Telephon 214 – von vier bis acht Uhr morgens und abends ab fünf Uhr «Gaißmilch» vom Melken weg serviert. Ein Vegetarierrestaurant bestand in Zürich seit 1897, aber die «Grasfresser» wurden noch lange verhöhnt. Auch alkoholfreien Wirtschaften stellte man keine gute Prognose. Die Temperenzler wurden als Prediger in der durstigen Wüste belächelt, und «Karl der Große» an der Kirchgasse lieh seinen glorreichen Namen vorläufig noch einer feuchtfröhlichen Bierbeiz.

Auch der dichtende Wirtschafts-Sachverständige fühlte sich «den Stadtheiligen Gambrinus und Bacchus» mehr verbunden als der «geistlosen» Pomona, der Göttin des Apfelsafts:

Von einer Art von Lokalen nur
weiß leider ich gar nichts zu sagen;
sie sind mir wider die Natur
und liegen mir drum im Magen.

Das sind die Temperenz-Cafés
mit Obstwein und Limonade,
denn diese Getränke, ich gesteh's,
find' ich abscheulich fade.

Neuerungen hatten es in Zürich überhaupt schwer. 1902 stand beispielsweise in der «Zürcher Wochen-Chronik»: «Die an der Kasernenstraße vor kurzem eröffnete amerikanische ‚Stehbierhalle' ist wieder eingeschlafen, um nach Neujahr als gewöhnliche ‚Hockwirtschaft' zu erwachen. ‚Zeit ist Geld', sagt der Amerikaner. ‚Gut Ding will Weile haben', heißt es bei uns.»

Ähnlich erging es den ersten Zürcher Selbstbedienungsrestaurants. Im Sommer 1901 meldete die Presse: «Zürich erhält in nächster Zeit nicht nur ein, sondern gleich zwei automatische Restaurants, und zwar beide an der untern Bahnhofstraße. Die bezüglichen Umbauten werden mit Eifer gefördert.»

Tatsächlich hatten gleichzeitig zwei Bewerber ein Gesuch um die Eröffnung «elektrischer automatischer Restaurants» eingereicht, und zwar an der Bahnhofstraße 63 und 106. Beide Herren, M. Schöffter und C. Landolt, bekamen nach anfänglichen Schwierigkeiten ein Patent. Dabei wurde darauf hingewiesen, daß in Berlin, Köln und anderswo bereits solche Etablissements bestünden. Als erstes Zürcher Automaten-Café-Restaurant galt das Lokal von Herrn Conrad Landolt. Es war in dekorativem Jugendstil eingerichtet und befand sich dort, wo sich heute in einem Neubau das «Merkur»-Geschäft und die Apotheke Sammet befinden. Jeder bediente sich im Automaten-Café selbst. Das war neu für Zürich. Auffällig war auch die kleine Zahl der Tische und Sitzgelegenheiten. Ähnlich wie in einem englischen Pub nahmen hier viele Geschäftsherren stehend eine Erfrischung, um sich dann wieder an die Arbeit zu begeben.

Das Restaurant an der Bahnhofstraße 106 dürfte etwa fünf Jahre bestanden haben, während das Automatenrestaurant «Helvetia» bis 1907 existierte.

Wo barg der Fremdling sein Haupt?
Von Meuchelmördern, Tatarenfürsten und Hochzeitspärchen

An Auswahl war der Fremde nicht verlegen. 1887 gab das Verkehrsbureau genaue Zahlen bekannt: «In der Stadt Zürich sind 32 Gasthöfe mit 2130 Betten, in den Ausgemeinden 14 Gasthäuser und Pensionen, von denen jedoch nur 4 für den eigentlichen Fremden-Verkehr in Betracht kommen. Nicht gerechnet sind hierbei die zahlreichen Restaurants, Bierhäuser und Garten-Etablissements, welche, wie die Tonhalle, die Kronenhalle und die Zunfthäuser ebenfalls von Fremden besucht werden.»

Erstklassige Häuser am Platz waren das Baur en Ville, das Baur au Lac, das Bellevue, das National und das Victoria. Sie erfreuten sich auch behördlicherseits einer gewissen Vorzugsstellung. Aber nicht jeder Gast war so vornehm wie das Haus, in dem er abstieg. So wurde vom «ruchlosen Meuchelmörder», der im April 1874 den Direktor der Üetlibergbahn aus Eifersucht mit einem eleganten Stockdegen «mit furchtbarer Energie durchbohrt hatte», im Tagblatt gemeldet, ein Paß sei dem angeblichen Georg Josef Billoin alias Sulgar aus Paris oder Brüssel nie abgefordert worden, da er nur in den ersten Hotels verkehrte. Und von einem in Deutschland gesuchten Wüstling hieß es, er nenne sich jetzt Biedermann und halte sich in besseren Zürcher Fremdenkreisen verborgen.

Ärger hatte das «Baur en Ville» in den neunziger Jahren mit einigen Tatarenfürsten. Ihr Gesinde mußte im Sihlhölzli im Freien campieren, während sich die Häuptlinge im Hotel auf ihre eigene Art gütlich taten. Dazu gehörte, daß sie Poulets- und andere Speise-Überreste ihres «copiosen Mahles» hemmungslos auf die schönen Teppiche warfen und auch «nach anderer Richtung hin» nicht allzu kultiviert auftraten. Selbstverständlich mußte die Herrlichkeit be-

rappt werden. Die Reinigungs- und Reparaturkosten machten über 600 Franken aus.

Das «Baur au Lac» war übrigens in den vierziger Jahren als Dépendance des «Baur en Ville» eröffnet worden. Dank seiner schönen, ruhigen Lage und ausgezeichneten Seeluft zählte die «Pension Baur» schon nach wenigen Jahren zu den vornehmsten Hotels Europas, in dem mit Vorliebe «Fürstlichkeiten und die Spitzen der internationalen Hochfinanz» abstiegen.

Das Hotel National war vor allem wegen seines prunkvollen maurischen Festsaals berühmt; exklusive Bälle und standesgemäße Hochzeiten hob er über das Provinzielle hinaus. Man gab sich gerne weltmännisch, obwohl die meisten die weite Welt nur aus Illustrierten und bunt kolorierten Ansichtskarten kannten.

Unter den heute nicht mehr existierenden Gaststätten gab es einige ganz prominente. Vor allem das Hotel Bellevue au Lac, dessen Blick auf See und Alpen als unvergleichlich galt. Ein nicht minder großartiges Panorama bot das altberühmte «Schwert» bei der Gemüsebrücke. Hinsichtlich Rang und Namen hatte es seit Goethes und Casanovas Zeiten zwar einiges eingebüßt; aber es zehrte noch immer von seinem historischen Ruhm und war seiner «zivilen Preise» wegen geschätzt. Eine besondere Funktion erfüllte das Hotel Victoria. In seinen eleganten, verschwiegenen Gemächern pflegten nach überstandenem Festrummel gutsituierte Zürcher Hochzeitspärchen ihre Flitterwochen einzuweihen, um tags darauf, verschont von den neugierigen Blicken lieber Bekannten, die paar wenigen Schritte zum Bahnhof zu tun und mit der 1882 eröffneten Gotthardbahn dem romantischen Süden entgegenzueilen.

Wie es euch gefällt
Oder: Ist das Theater eine moralische Anstalt?

In der Neujahrsnacht 1890 fiel das Actientheater an der Unteren Zäune, an dem einst Charlotte Birch-Pfeiffer Direktorin und Richard Wagner Dirigent waren, einem Brand zum Opfer. Schon 1887 hatte Jean Nötzli, Redaktor seines in Zürich gegründeten «Nebelspalters», in einer deutschen Illustrierten geschrieben, das Zürcher Theater in der ehemaligen Barfüßerkirche, welches einst zu den hervorragenden Kunsttempeln gehört habe, entspreche modernen Ansprüchen nicht mehr und der Ruf nach einer Neuschöpfung werde immer intensiver. Keine drei Jahre später wurde die Diskussion um eine Renovation des Actientheaters gewissermaßen gegenstandslos:

1. Januar 1890: Das Theater brennt!

«Das Theater war in der Neujahrsnacht mit einer vergnügten, schaulustigen Menge angefüllt. Gegeben wurde Charlotten Birchpfeiffers volksthümliches Schauspiel ‚Der Leyermann und sein Pflegekind'. Alles ging den besten Gang bis zum Schlusse des vierten Aufzuges. Soeben rief extemporierend der Träger der Titelrolle, Herr Oberregisseur Fuchs, mit erhobenem Glase sein ‚Prosit Neujahr', als der Präsident des Theatercomités, Herr Eisenhändler Sebastian Kisling, auf der Bühne erschien, dem ‚Leyermann' etwas in die Ohren flüsterte, dann ruhig aber leichenblassen Angesichtes an die Rampe trat und folgende Worte an das Publikum richtete: ‚Es kann nicht weitergespielt werden; die Vorstellung muß abgebrochen werden. Ich ersuche das Publikum, das Theater sofort, aber ruhig zu verlassen.' Der eiserne Vorhang rasselte nieder, alle Notthüren wurden geöffnet und in wenigen Minuten war das Theater geleert. Als die Leute ins Freie traten, schlugen die Flammen schon zum Dach hinaus.»

Nur einundzwanzig Monate nach dem Brand des alten Theaters konnte man ein strahlend neues Haus einweihen. Wie war das möglich? Gleich nach der Unglücksnacht traten die Aktionäre zusammen und beschlossen, nicht lange auf ein Theater verzichten zu wollen. Vier Monate später war die Finanzierung gesichert. Die Stadt stellte der Gesellschaft den Bauplatz bei der alten Tonhalle zur Verfügung und spendierte 200 000 Franken. Den «Rest» von 1,75 Millionen Franken brachten die Bürger auf.

Die Zürcher wollen nicht ohne Theater leben

Weitere drei Monate später wurde mit den Bauarbeiten begonnen. Dies war nur möglich, weil die Aktionäre auf einen Architekturwettbewerb verzichteten und eine der bekanntesten Theaterbaufirmen beauftragten, ihnen Vorschläge zu unterbreiten. Dem Wunsche konnte postwendend entsprochen werden. Die Wiener Architekten Fellner und Helmer hatten ein nicht ausgeführtes Wettbewerbsprojekt für die Stadt Krakau in der Schublade. Die Pläne wurden den Zürcher Gegebenheiten angepaßt und sogleich realisiert. Die Sockel, Kolonnaden und Balustraden und die liebenswerte Gold-Kristall-Plüsch-Atmosphäre entsprachen dem Geschmack der Zeit. Und heute, wo das Fin de siècle wieder entdeckt wird, dürfen wir mit Erstaunen feststellen: in Zürich wurde damals in aller Eile und in aller Stille eines der schönsten Theater Europas gebaut.

Schönheit aus der Schublade

Wie das alte mußte auch das neue Zürcher Theater den verschiedensten Zwecken und Geschmäckern dienen. Schon das Eröffnungsprogramm machte das sichtbar: Am 30. September 1891 sprach eine hübsche junge Dame den von C.F. Meyer verfaßten Prolog – eines der letzten Werke des Dichters. Auch Gottfried Keller, der während der Bauzeit gestorben war, hatte bei früherer Gelegenheit einen Theaterprolog verfaßt. Böse Zungen behaupteten übrigens, das junge Wesen, die Schauspielerin Clara Markwart, hätte den Meyerschen Text nicht eben deutlich gesprochen, doch ihr Charme hätte die nicht verstandenen Zeilen wieder wettgemacht. Noch am gleichen Tag wurde ein Festspiel des NZZ-Feuilleton-Redaktors Carl Spitteler aufgeführt. Um sich an kulturellen Genüssen nicht zu übertun, verschob man die erste Opernaufführung auf den nächsten Tag. Am 1. Oktober erklang Wagners «Lohengrin», Dirigent war Lothar Kempter, dem die Universität Zürich später den Doktorhut verlieh.

Bei aller Begeisterung der Zürcher für das Theater hatte der neue Zweimillionenbau von Anfang an schwer um seine Existenz zu kämpfen. Schon in den fünfziger Jahren hatte der Zürcher Theaterdirektor Carl Scholl, der mit «echtem ästhetischem Sinn das Wahre und Gediegene zu fördern suchte», schließlich auf die Leitung eines Instituts verzichtet, «das sich selber nicht zu ernähren vermochte». 1869 erklärte sich die Zürcher Gemeindeversammlung für eine Subvention von 5000 Franken. Als man damals verlangte, daß zuerst für die Opfer einer Wasserkatastrophe gesorgt werde, verteidigte die «Neue Zürcher Zeitung» das Theater mit den Worten: «Wir zählen das Theater zunächst zu dem edleren Luxus, wir nennen es eine Erholung, die der gebildete Mensch bedarf, wie hübsche Spaziergänge und dergleichen mehr. Wenn man erst keine Allee mehr unterhalten, keinen Spazierweg mit feinerem Sand bestreuen, wenn man dann freilich auch die Konzertsäle, Kunstgalerien eingehen lassen will, so wird es auch Zeit sein, das Theater zu schließen. Ob wir dann frömmer oder besser werden, ist eine andere Frage. Nie und nirgends hat die Kunst gewartet, bis der letzte Hungrige gespeist, der letzte Arbeitsbedürftige versorgt, der letzte Unwissende belehrt war; sie konnte nicht warten und soll es auch nicht, denn der Hunger nach dem Schönen besteht im Mensch gleichzeitig und doch wohl mindestens gleichberechtigt mit dem Hunger nach Brot und Wahrheit.» 1883 wurde die Subvention auf 6000 Franken erhöht, denn inzwischen war auch der Kleine Rat zu der Ansicht gelangt, daß «Zürich ein Interesse habe, eine gute Bühne zu besitzen».

Über den Begriff «gute Bühne» war man sich

zwar schon damals nicht klar. Als 1876/77 am alten Actientheater von einer deutschen Truppe Operettengastspiele gegeben wurden, war der Besuch etwas reger als sonst, aber in der «Neuen Zürcher Zeitung» wurden diese «schamlosen Ausgeburten französischer Lüderlichkeit und Verkommenheit» als «ausgeschämte Frechheit und innerliche Erbärmlichkeit» gebrandmarkt und erklärt: «…eine ekle Gier, mit welcher ein Theater nach dem andern sich beeilt, diesen elenden Abfall der französischen Bühne nachzuäffen, wobei, dem Wesen der deutschen Gründlichkeit entsprechend, gerade das Gemeine recht deutlich hervorgehoben zu werden pflegt.» Es handelte sich um Offenbachs «Schöne Helena» und Lecoqs «Mamsell Angot» und «Giroflé-Girofla». Und 1889 schrieb Carl Spitteler, gegen das Ballett bestehe hierzulande ein entschiedenes Vorurteil, «noch vor wenigen Jahren hätte sich schwerlich einer getraut, einem Tanze durch Händeklatschen Beifall zu spenden, und selbst heutzutage gebietet das Anstandsgesetz den größeren Zeitungen, die etwas auf sich halten, über das Ballet so viel wie möglich zu schweigen. Bei dem Beinschlenkern wird dem Bürger unbehaglich, es erinnert ihn an den Greuel von Babylon.»

Einen krassen Gegensatz zum Stadttheater bildete das Schauspielhaus alias Flora-, Volks- und Pfauentheater. Es war nie ein gehobener Musentempel oder ein weihevoller Kunstpalast, sondern eine Boulevardbühne, ein Gossentheater, das außerhalb des Stadtgrabens und der Diskussion stand. Bis zur Eingemeindung stand der an der Ecke Zeltweg/Rämistraße gelegene «Pfauen» auf Hottinger Boden, war ursprünglich eine Bayrische Bierwirtschaft und gehörte dem einstigen Stadttheater-Bariton Papa Krug. 1864 machte dessen Nachfolger, ein Methodistenprediger, aus dem Wirtshaus das «Bethaus zum Pfauen». Später kaufte ein gewisser Heinrich Hürlimann einige Liegenschaften zwischen der Hottingerstraße und dem Zeltweg und richtete eine fröhliche Gaststube ein, die er wie einst Eduard Krugs Etablissement wiederum «Zum Pfauen» nannte. Die beiden benachbarten Pfauen – jener der Bibelfesten und dieser der Trinkfesten – scheinen sich nicht vertragen zu haben. Die «Sektierer», so meldete

In der Nacht vom 25./26. Juni 1887 brannte das in den ehemaligen Klostergebäuden der Predigerkirche untergebrachte alte Spital ab (oberes Bild). Hier wurde später die Zentralbibliothek erstellt

Zwei Jahre später wurde das alte Theater in der ehemaligen Barfüßerkirche an der Unteren Zäune ein Raub der Flammen (unteres Bild)

Schon 21 Monate nach dem Brand des alten Aktientheaters an der Unteren Zäune (oben) wurde das heutige Stadttheater (unten) eröffnet

Vor der Montre.

„Aber, Herr Gailinger, nun habe ich Sie schon zwanzig Minuten lang an diesem Schaufenster stehen gesehen. Was haben Sie denn nur so Interessantes da zu begucken?"

Herr Gailinger: „Das will ich Ihnen sagen, mein lieber Herr Nachbar. Wenn ich ins Ballet gehe, so kostet mich das wenigstens zehn Franken; denn ich muß immer ganz nahe sitzen. Noch dazu ist es im Theater so eng und schwül. Hier stehe ich im Freien, darf mir's bequem machen, kann kommen und gehen und bleiben, wie ich will. Das Vergnügen ist aber ganz dasselbe wie beim Ballet, und kostet Nichts."

Im 1882 erbauten Wirtschaftspavillon am Pfauen richtete H. Hürlimann das Pfauentheater (oben) ein. Das Schauspielhaus (unten) entstand 1889

— Im Corso ist für den Monat März Hr. Direktor B. Schenk mit seinem Eden-Theater eingezogen, und wer Freude an solchen Wunderdingen und farbenreichen Szenerien hat, dem können wir diese Vorstellungen nur empfehlen. Besonders die Schlußszene: Im Wunderlande, Wasserfeerie in märchenhafter Ausstattung, Verherrlichung des Polarlichtes, der Diamant-Palast zc. ist eine Prachtsaugenweide.

— Der Erziehungsrat erläßt an die Stadtschulpflege einen Hirtenbrief, worin er auf die Gefahren der Vorstellungen für Kinder im Corsotheater aufmerksam macht. Recht so!

Vereinshaus-Theaterbau in Zürich. Hauptfaçade an der Tonhallestraße.

* Wie können Sie bei solch schönem Wetter noch in's Theater gehen? — Na ja, sehen Sie, tausende in unserer Stadt bedürfen des Abends der geistigen Nahrung und diese finden sie in den zerstreuten Cafés nicht; da wird wohl gutes Getränk geboten, aber das Herz, das Gemüt hat nichts davon. Man trifft dort nicht immer die Leute, mit denen man seine Gefühle tauschen möchte. Wie ganz anders ist das in einem künstlerisch geleiteten, ideal durchhauchten Theater, wie wir zur Sturde ein solches im „Pfauen" an der elektrischen Zürichbergbahn besitzen. In kühlem Restaurationsraume erquicken wir alda nicht nur den Körper, sondern auch den Geist. Zudem ist der gegebene Stoff so dezent gehalten, daß wir ohne Scheu die ganze Familie mitnehmen dürfen. Wie oft haben wir nach den Novitäten des Auslandes gelechzt, und nun, da sie hier zur Aufführung gelangen, sollten wir uns ferne halten oder gar an weniger empfehlenswerten Genüssen, an Tierdressur und Tingeltangel, genügen? Sehen Sie, ich bin in dieser Hinsicht wenigstens etwas Patriot: So wie man den Gärtner auch im Winter leben lassen muß, bedarf in gleicher Weise eine gute Bühne der Unterstützung zur Sommerszeit; denn nur dadurch erhalten wir ein geschultes Personal, ein empfehlenswertes Repertoire und die Aussicht auf hohe geistige Genüsse. Das sind meine Motive für den Besuch des Volkstheaters zur schönen Jahreszeit, im Winter versteht sich derselbe unter den gegenwärtigen Auspizien von selbst.

Fassade oben: Eine empfindliche Konkurrenz erwuchs den Zürcher Theatern in der im April 1900 eröffneten Varieté-bühne des Corso-Theaters

Bürklis Zürcher Kalender, waren indigniert und zogen ein paar Häuser weiter. Beharrlicher zeigte sich der ungemein unternehmungslustige Hürlimann: anfangs 1882 baute er einen «Wirtschaftspavillon», zu dem ihm die ahnungslose Gemeinde das an seine Wirtschaft angrenzende Land für drei Franken pro Quadratmeter abtrat. Schon zwei Jahre später mußte derselbe Gemeinderat davon Kenntnis nehmen, daß «Wirth Hürlimann zum Pfauen» recht ehrgeizige, sozusagen kulturelle Pläne schmiedete. Die wackeren Männer des Gemeinderates, die den Pavillon nur als Provisorium bewilligt hatten, wollten von einem Theater schon aus feuerpolizeilichen Gründen nichts wissen. Es erfolgte ein abschlägiger Bescheid, mit dem sich der Petent freilich nicht zufriedengab. Neue Eingaben. Neue Bedenken. Am 17. April 1884 konnte die «Züricher Post» ihren Lesern verkünden: «An Stelle des im vorigen Sommer eingegangenen Plattentheaters wird demnächst das Floratheater treten, welches Herr Direktor Schlegel am 18. Mai im ,Pfauen' am Zeltweg eröffnet. Wie auf der ersteren Bühne, so sollte auch am Floratheater in der Hauptsache die Operette gepflegt werden.»

Eröffnung des Floratheaters Obwohl am 20. April jene Typhusepidemie ausbrach, die, wie die geneigten Leser bereits wissen, dem «Kloakenreformator Bürkli» viel Kummer bereitete, konnte das «Floratheater» mit Millöckers musikalischer Posse «Die Näherin» pünktlich eröffnet werden. Zwei Tage später berichtete die «Züricher Post»: «Die Bühne ist begreiflich nicht sehr groß, aber durchaus hübsch ausgestattet, der Zuschauerraum respektabel, einladend; er wird es – namentlich für die Besucher der Balkonplätze – noch mehr sein, wenn durch bessere Ventilation dafür gesorgt wird, daß dieselben für ihr Geld außer dem Stück nicht auch noch ein Schwitzbad zu genießen haben.»

Ein Föhnsturm erhält seine Opfer Das neue Theater war noch keinen Monat alt, als es vorübergehend geschlossen werden mußte. Am 10. Juni gegen sechs Uhr abends erhob sich ein furchtbares Unwetter. «Zahlreiche Spaziergänger», referierte die «Züricher Post», «glaubten vor demselben noch rechtzeitig unter Dach sich retten zu können, als es schon mit fabel-

eutiges Schauspielhaus. Aufnahme: 26. Februar 1890

hafter Schnelligkeit losbrach und den Staub so dicht aufwirbelte, daß man auch auf kürzeste Distanz kaum noch einen Gegenstand deutlich sah. Natürlich raste bei dem Anlaß auch der See, und er erhielt leider seine Opfer. Den Personen, welche gestern Abend sich nach dem ,Floratheater' begaben, um die Operette ,Fatinitza' anzuhören, wurde mitgetheilt, daß die Vorstellung unterbleibe. Drei Mitglieder der Bühne, Fräulein Petzold und die Herren Rudolf und Hantke, hatten am Nachmittag auf einem Segelschiffchen einen Ausflug nach dem ,Seegarten' in Enge gemacht und wurden im Heimweg von dem Orkan überrascht; mit dem Segeln unbekannt, versäumten sie ein rasches Herunterziehen des Segeltuches; ihr Boot schlug um und Fräulein Petzold und Herr Hantke fanden den Tod in den Wellen, während Herr Rudolf, der sich eine Weile an die Planken anzuklammern vermochte, durch den Quaibautenaufseher Balzer gerettet wurde. (Hantke hinterläßt Frau und Kinder; Fräulein Petzold zählte erst siebzehn Jahre.)»

Wenige Jahre nach seiner Eröffnung wurde der Wirtschaftspavillon wieder abgebrochen; er machte dem heute noch bestehenden Häuserblock Platz. Bei dieser Gelegenheit wurde das Floratheater auf «Zürcher Volkstheater (Hotel Pfauen)» umbenannt. Direktor, Regisseur und Hauptrolle: Otto Winzer. Das Programm war vielseitig und sparte nicht an Attraktionen. Karl Noisé, der dünnste Mann der Welt, trat auf, das Elite-Ballett-Ensemble «Excelsior» schlenkerte seine musikalischen Beine, und Professor J.B. Schalkenbach, vormals Organist des Königlichen Polytechnischen Instituts in London, Mitglied und Besitzer der goldenen Medaille der Société des Sciences in Paris, Ehrenmitglied der Académie Nationale Parisienne, gab sich die Ehre und das von ihm erfundene Elektrische Orchester zum besten. Selbstverständlich alles im Vorprogramm, denn das Volkstheater pflegte das Lustspiel, den Schwank und die Posse, vergaß jedoch «der neuen und alten Klassiker nicht». **Neubau und Eröffnung des Volkstheaters**

Dazu kamen Schlangen- und Schmetterlingstänzerinnen aus den Pariser «Folies-Bergères» mit Verwandlung auf offener Bühne bei farbiger **Sensationen und Attraktionen** elektrischer Beleuchtung, Fakire, Bauchredner, Shadowgraphisten und amerikanische Knockabouts. Besaß das Stadttheater seiner nicht gerade billigen Preise wegen mehr das zahlkräftige Publikum, so wandte sich der Pfauen mit Erfolg an die große Masse. Hier fand auch der erste öffentliche, von der Polizei genehmigte Zürcher Maskenball statt. Direktor Möller, Winzers Nachfolger, war couragiert genug, auch Stücke zu servieren, die dem Stadttheater-Publikum vorenthalten wurden. Zum Beispiel Gesellschaftskritisches und Sozialistisches von Ibsen und Hauptmann. Oder Stücke, die in Deutschland verboten waren: «Sodoms Ende» von Sudermann und «Der Fall Clemenceau» von Dumas fils.

Was das Stadttheater dem Publikum vorenthielt

Wedekinds «Frühlingserwachen», 1891 im Verlag Jean Gross in Zürich erschienen, wurde von der «Neuen Zürcher Zeitung» als «nicht darstellbar» bezeichnet und damit für den Rest des Jahrhunderts unschädlich gemacht.

Auch die «lüderliche Operette» fand im Pfauen ein Zuhause. «Mamselle Nitouche» und «Unsere Don Juans» waren Publikumserfolge. Die Burlesken «Tannhäuser oder die Keilerei auf der Wartburg» und «Kneips Heilmethoden oder der Badeonkel aus Wörishofen» polierten auch bei bescheidenen Preisen die nicht gerade glänzende Buchhaltung etwas auf. Die leider im Wortlaut nicht überlieferten Vorträge einer Mademoiselle Clotilde bezeichnete ein gestrenger Kritiker freilich als höchst unmoralisch und die «sogenannten Wienerschwalben» als ganz gewöhnliches Tingeltangelprodukt. Als aber im August 1894 «die Wundermädchen» – es handelte sich um die «kraftstrotzenden» Geschwister Franklin – «Abend für Abend zum Entzücken der vornehmen Welt (!) ihre graziösen Evolutionen an den römischen Ringen und dem hochschwebenden Trapez produzierten», schrieb die «Schweizerische Wochenzeitung»: «Die Beneficevorstellung vom Mittwoch abend brachte den Lieblingen unseres Sommertheaters die volle Gunst des hiesigen Publikums entgegen. Das Pfauentheater hat noch nie solche Stürme der allgemeinen Befriedigung erlebt.»

Gewöhnlicher Tingeltangel…

…und Stürme der Befriedigung

Aber so ganz ernst genommen wurde das «Pfauen Theater», wie es von 1899 an offiziell hieß, von der seriösen Presse nie. In einer zeitgenössischen Schrift liest man, die Produktionen seien, wenn auch nicht «großartige Schauspiele und Opern, aber unterhaltend und manchmal sehr interessant, so daß jedermann, selbst Blasierte, befriedigt weggehen», und das «Zürcher Theater- und Concert-Blatt» sprach von einer Vorstadtbühne, auf der die «leichtgeschürzte Muse des Schwankes, der Posse und der Operette vorüberscherzt und schäkert…».

Häufige und erfolgreiche Gäste auf der Pfauenbühne waren die «wohlgeschulten Darsteller» des Zürcher Dramatischen Vereins. Eine gefährliche Konkurrenz wurde die im April 1900 eröffnete Variétébühne des Corso-Theaters. Noch einmal gaben sich die Theaterbesitzer einen Ruck: Sie eröffneten ihr Haus als sogenanntes Volkstheater mit dem stolzen Namen «Schiller-Theater» und annoncierten tausend Plätze, obwohl es keineswegs umgebaut oder gar erweitert worden wäre und sich knapp fünfhundert Besucher hineinzwängen konnten. Umsonst, der Vorhang fiel – zum letztenmal!

Das Corso macht Konkurrenz

Aber es kam anders: Alfred Reucker, der 1901 die Leitung des Stadttheaters übernommen hatte, suchte eine künstlerische Versuchsbühne, ein Experimentiertheater. Er verband 1905 die heruntergekommene Pfauenbühne mit der Stadttheaterbühne. Das Vorstadttheater war nicht tot, sondern gesellschaftsfähig geworden. Es brachte «Gyges und sein Ring», «Macbeth», «Kabale und Liebe», «Götz von Berlichingen» und «Wie es euch gefällt». Zu seinem Bedauern mußte Reucker feststellen, daß die leichte Muse hier offenbar ältere Rechte hatte. Gleich hinter «Wilhelm Tell», dem sicheren «Zugpferd», folgte «Im weißen Rößl», das Rührstück «Alt Heidelberg» und der ulkige Schwank «Raub der Sabinerin». Aber unter Reucker erlebte das Schauspielhaus schließlich seine erste große Glanzperiode. Was in der Weltliteratur Rang und Namen hatte, ging über die Bretter; was in Zürich Rang und Namen hatte, saß im Parkett. Im Krisenjahr 1921 löste der Verwaltungsrat,

Der Pfauen wird gesellschaftsfähig

«ein ungetreuer Wächter der ihm anvertrauten Kunststätte», den Pachtvertrag mit der Pfauengenossenschaft. Reucker trat zurück, das wechselvolle Schicksal des Schauspielhauses schien endgültig besiegelt, «denn auch die Gründung einer Theatergemeinde vermochte nicht zu verhindern, daß der Geschäftsgeist auf der neu verpachteten Pfauenbühne immer rücksichtsloser das Szepter schwang…».

Übrigens: Schon 1883 wurde in der kleinen Grünanlage gegenüber dem Pfauentheater dem Förderer des Volksgesangs Ignaz Heim ein Denkmal errichtet und neun Jahre später der Platz nach ihm benannt. Aber im Volksmund ist der Name Pfauen für die einstige Heimstätte der schillernden, oft gar zu leichtlebigen Muse bis heute erhalten geblieben.

Die Macht der Musik:
Vom Kornhaus zur Tonhalle

In Zürich wird musiziert, öffentlich und privat, schön und weniger schön, hieß es in Zürich schon, als sich das offizielle Musikleben noch in der alten Tonhalle abspielte. Sie stand auf dem am einstigen Hafen gelegenen Platz zwischen Bellevue und Stadttheater, der heute der Zeltmission, dem Sechseläutenböögg und dem Zirkus reserviert ist. Anno 1839 als Kornhaus erbaut, diente das ausgesprochen häßliche Gebäude von 1860 an gleichzeitig als Synagoge, Fechtboden, Dienstmänneranstalt, Schreinerwerkstätte, Holzlager und Trödlerbude. Als das eidgenössische **Das Kornhaus soll** Musikfest 1867 bevorstand, sollte das «Ratzen-**Tonhalle werden** nest» ausgehöhlt und in eine Tonhalle verwandelt werden, die aber auch profaneren Zwecken, vor allem der Gemeindeversammlung, dienen sollte. Die Kirchenpflege St. Peter hatte nämlich zu verstehen gegeben, daß ihr die Abhaltung der Gemeindeversammlung in ihrem Gotteshaus nicht mehr passe.

Die Städtische Baukommission vertrat die Ansicht, «daß die Lage des Kornhauses am Rande der Stadt für genannte Zwecke eine ungünstige und deshalb der Kredit für den auf das Sängerfest hin nötigen Umbau tunlichst zu beschränken sei». Das waren keine guten Vorzeichen für die «musikalischen» Zürcher, während die «Unmusikalischen» für solche Dissonanzen ein erstaunlich gutes Gehör hatten: Für ein Provisorium war ihnen jeder Franken zuviel.

Am 3. März 1867 fand im ungeheizten St. Peter die Versammlung statt, die wegen anderer wichtiger Traktanden den ganzen Tag dauerte. Der bereits kränkliche Musikdirektor Wilhelm Baumgartner – seine Vertonung von Gottfried Kellers «O mein Heimatland» wurde allgemein gerühmt **Wilhelm Baumgartner** – hielt den ganzen Tag in der Kirche aus, um **stimmt und stirbt** auf jeden Fall für das Tonhalleprojekt votieren

zu können. Dabei holte er sich eine Erkältung, die vierzehn Tage später zu seinem Tode führte.

War es Baumgartners Stellungnahme oder die allgemeine Verärgerung über die demonstrativ kalte Kirche, die das Abstimmungsergebnis beeinflußte? Die Gemeinde stimmte dem Umbau zu, und die Kornhaus-Tonhalle bestand die Probe **Einweihung der alten** am Musikfest aufs glänzendste. Noch niemals **Tonhalle** seien in Zürich, meinte die «Freitagszeitung», solche musikalischen Genüsse geboten worden und die Darbietungen der gehobenen Musik müßten künftig zum Gemeingut der ganzen kunstliebenden Bevölkerung gemacht werden.

Das Fest hatte übrigens zur Gründung der Tonhallegesellschaft Anlaß gegeben, die – fortan «die Macht der Musik» genannt – den Unterhalt des Orchesters und die Führung der Konzertangelegenheiten besorgte. Die sechs jährlich veranstalteten Abonnementskonzerte fanden überraschend großen Anklang. Das auch im Stadttheater spielende Orchester zählte 32 Mann, konnte aber von Fall zu Fall verdoppelt werden, wobei auch einzelne Amateure zu Ehren kamen. Zu diesen ausgesprochen gesellschaftlichen Ereignissen erschienen die Damen in großer Toilette und die Herren im Frack, obwohl das Promenieren in den Pausen noch keineswegs Sitte war. Einer der Komiteeherren – kenntlich an der weißen Rosette im Knopfloch – durfte die jeweilige Solistin samt obligatem Blumengebinde aufs Podium begleiten, hatte aber zugleich sein ganzes Augenmerk auf die gefahrdräuende lange Schleppe zu richten. Eine sehr verantwortungsvolle Ehre also, die einiges «an Sicherheit des Auftretens und gesellschaftlicher Routine» verlangte.

Besonders vornehme Damen, so erzählte der Dirigent Franz Hegar später, ließen sich noch immer in Sänften zur Tonhalle tragen. In den Pausen wurde Eis und Limonade serviert; die Gläser und Schälchen stellte man dann unter den Stuhl, wo sie in der Regel mitten in einer Symphonie mit den Füßen Bekanntschaft machten.

Sänften, Eis und Limonade

Diese Idyllen dauerten bis in die späteren achtziger Jahre. Mit dem Ausbau der Quaianlagen war schließlich das Urteil über die alte, äußerlich nicht schöner gewordene Kornhaus-Tonhalle gesprochen: sie paßte nicht mehr in eine moderne Stadt. 1887 rief die Quaibaudirektion zu einem Neubau auf, wobei die Frage des Standortes zunächst noch offenblieb. Nach der 1891 erfolgten Gründung der Neuen Tonhalle-Gesellschaft entschied sich eine bewegte Gemeindeversammlung für den Bau am Alpenquai. Die nach den Plänen der bestens eingeführten Architektenfirma Fellner und Helmer erbaute neue Tonhalle, eine «Fata Morgana des Pariser Trocadéros», wurde im Oktober 1895 vier Tage lang eröffnet. Für das erste Konzert im heute noch bestehenden großen Saal hatte der Gemischte Chor das «Triumphlied» von Johannes Brahms gewählt, und der Meister dirigierte die Aufführung höchstpersönlich.

Einweihung der neuen Tonhalle

Musikalischer Leiter der Tonhalle und der vier größten Zürcher Chöre war der Dirigent und spätere Kapellmeister Franz Hegar, der seit 1863 hier wirkte und dem Zürich seinen Aufschwung zur «ersten Musikstadt der Schweiz» verdankte. Zur Freude der Zürcher hatte er 1875 einen ehrenvollen Ruf seiner Vaterstadt Basel abgelehnt und zur einzigen Bedingung seines Bleibens die Gründung einer Musikschule gemacht. Diese wurde zwei Jahre darauf im Fraumünsteramt eröffnet, später an die Napfgasse verlegt, bis sie 1901 im «Konservatorium für Musik» an der Florhofgasse eine bleibende Stätte fand.

Hegar macht Zürich zur ersten Musikstadt der Schweiz

Hegar war eine imponierende Erscheinung und eine grundmusikalische Natur. Wegen seiner Strenge in Fragen der Disziplin vom Orchester und den Sängern gefürchtet, war er anderseits für humorvolle Toleranz bekannt. So erzählte er später von einer Harfenistin, die – um die langen Pausen in ihrer Partitur nutzbringend zu verwerten – ihre «Lismete» in die Proben mitzubringen pflegte. Hegar konnte ihr das Handwerk nicht legen, weil sie sich kein einziges Mal bei einem verspäteten Einsatz erwischen ließ.

1873 wurde Hegar das Ehrenbürgerrecht geschenkt, und 1889 erhielt er gleichzeitig mit Böcklin den Ehrendoktor der Universität. Als er 1896 seinen Wohnort vorübergehend nach Aarau verlegte, wurde ihm als zweiter Direktor der populärste schweizerische Liederkomponist Carl Attenhofer zur Seite gestellt. Im Mai 1914 starb Attenhofer, und Hegar wollte die Last nicht mehr alleine tragen. Er machte am 2.Juli 1914 seinem Nachfolger Volkmar Andreae Platz. Als dieser wenige Wochen später – der Erste Weltkrieg war ausgebrochen – ein Bataillon zu kommandieren hatte, nahm der längst siebzig Gewordene den Taktstock wieder schwungvoll zur Hand.

Die Programme im großen Tonhallesaal bewegten sich, so meldet der Chronist, vorzüglich im klassischen Rahmen, der kleine Saal wurde hauptsächlich für Kammermusikaufführungen, Gratisvolkskonzerte und Solistenabende benützt. Populäre Abende gab es im übrigen eine ganze Menge, so unter Direktor Kempter im Tonhallegarten, wo sich mitunter auch deutsche Militärkapellen hören ließen. In Bierhallen und Gartenwirtschaften pflegte namentlich das stadtbekannte Orchester Muth zu wirken. Eine eigentliche Berühmtheit war der Violinvirtuose Gaetano Macciacchini, der mit seiner Familie alljährlich in Zürich Gastspiele gab. Er wurde selbst von Hegar als genialer Künstler bezeichnet. Glänzende Engagements, auch als Lehrer am Konservatorium, schlug er aus, um das ihm so lieb gewordene Bohèmeleben nicht aufgeben zu müssen. Von der absichtlich in bescheidenen, volkstümlichen Lokalen auftretenden Kapelle strichen Vater und Sohn die Geige, während die Mutter eine altneapolitanische Gitarre und die drei Töchter altlombardische Mandolinen spielten. Gaetano Macciacchini, ein gebürtiger Italiener, wurde hier meist als Tessiner angesehen, weshalb man ihn nicht ohne Stolz den «schweizerischen Paganini» nannte.

Gratisvolkskonzerte und populäre Abende

Der «schweizerische Paganini»

99

Kunst und Künstler
Oder: Skandale und Sensationen

«Ich habe biedere Kaufleute und harmlose Volksschullehrerinnen vor den Bildern Ferdinand Hodlers toben sehen, gleich jenem französischen Postbeamten, der beinahe Manets ‚Olympia‘, eines der ersten Malwerke des letzten Jahrhunderts, mit seinem blauen Sonnenschirm zerschlagen hätte», schrieb Herbert Eulenberg 1911 in seiner «Trauerrede an die deutsche Nation», die mit dem Leitspruch begann:

«Rede Künstler, schäm dich nicht,
kämpf für deinen Stand,
weil kein andrer für dich ficht
heut in deinem Land!»

Über die Schweiz steht in dieser Anklage gegen den Zeitgeschmack kein Wort; aber die beschämende Episode, die Hodler in seinem Lande erlebte, klingt zwischen den Zeilen mit: der **Der Kunststreit über die Fresken im Landesmuseum** Zürcher Kunststreit über die Fresken im Waffensaal des 1898 eröffneten Landesmuseums. Zwar gingen die Zürcher nicht mit Schirmen gegen das Kunstwerk los, sondern man versuchte dessen Geburt zu verhindern. Und es tobten hierzulande nicht nur harmlose Volksschullehrerinnen, sondern das gesamte Publikum, voran der verehrliche Landesmuseumsdirektor H. Angst und der ganze Zürcher Lehrerverein.

Als im Februar 1897 die von der Schweizerischen Kunstkommission prämiierten Entwürfe Hodlers zum Fresko «Der Rückzug der Schweizer bei Marignano» im Helmhaus ausgestellt waren, sprach sich die öffentliche Meinung «in seltener Einmütigkeit» gegen die Ausführung der Fresken aus. Auch die Veröffentlichung eines Jurykommentars durch eine «befreundete Zeitungsfeder» konnte den Volkszorn nicht beschwichtigen. Ja der Landesmuseumsdirektor erklärte, die Kunstkommission, der unter anderen

die Maler Albert Anker, Rudolf Koller und der Museumsarchitekt Stadtbaumeister Professor Dr. Gustav Gull angehörten, sei ihrer Aufgabe offensichtlich nicht gewachsen, die Komposition in Hodlers Entwurf glänze durch Abwesenheit, in der Zeichnung sei der Künstler ein Phantast und punkto geschichtlicher Treue stehe er leider weit hinter begabten Historienmalern zurück. **Hodler – ein wenig begabter Maler…**

Daß Hodlers Arbeit eine «anerkannt mangelhafte Leistung» war, bestätigte auch der Lehrerverein. 120 Lehrer waren der Einladung zu einer Extrabesichtigung gefolgt und hatten sich in der anschließenden Diskussion fast einstimmig gegen die Ausführung dieser «abstoßenden, rohen, dem Volke und der Jugend unverständlichen Malerei» ausgesprochen. **…und eine anerkannt mangelhafte Leistung**

Ein Mitglied der Kunstkommission erklärte darauf in einem Bericht an den Bundesrat, daß in Zürich nicht einmal das «aristokratische Bürgertum» das Wesen der Hodlerschen Kunst begriffen hätte. Aber das wäre nichts Außergewöhnliches, denn Werke origineller Talente hätten sich niemals sogleich den allgemeinen Beifall erobert. Das schwachköpfige Publikum nehme ein der Gewohnheit widersprechendes Kunstwerk niemals ohne Widerstreben auf, während es mit Entzücken fade und gemeine Werke feiere, die eben seinem Geschmack angepaßt seien. Ein hartes Urteil, das zum Bedauern des Museumsdirektors vom Kommissionspräsidenten voll unterschrieben wurde. **Das schwachköpfige Publikum entzückt sich an gemeinen Werken**

Auch die Zürcher Künstler blieben in dieser Debatte nicht zurück. Eine gutbesuchte Versammlung im «Künstlergut» schickte im November 1898 ein Telegramm an den Bundesrat: «Nach lebhafter Debatte über den Hodler'schen Entwurf faßten die Künstler folgende Resolu-

Zürich, Deine Wohlthaten erhalten Dich!

„Zürcher, Euer Kunstsinn erhalte auch das Theater!"

F. Boscovits. jun.

* **Zürich wird Großstadt,** das merkt man mehr und mehr auch in unsern dem Vergnügen und der Erholung gewidmeten Etablissementen. Abend für Abend lauschen Tausende in der Tonhalle der herrlichen Musik und daneben finden immer noch Hunderte den Weg ins Pfauentheater. Es ist aber auch barnach, unser Volkstheater. Wie aus einem unerschöpflichen Born gießt es wahre Lebenslust über uns aus und vergißt ob dem bunten Spiel der alten und neuen Klassiker nicht. Und tritt irgend ein Hindernis ein, flugs hat Herr Direktor Mösler eine Ueberraschung zur Hand. Sein Repertoire ist so vielseitig, sein Ensemble so gut geschult, daß kein Abend ohne den üblichen Beifallssturm vergeht. Wenn keine Spezialitäten da sind, führt er liebe Gäste ein oder spielt sonst die besten Trümpfe aus. So hat das Gastspiel der Frl. Jäger als Lorle allgemein entzückt und man bedauert, sie nicht auch als Barfüßele gesehen zu haben. Den Dialekt spricht sie ausgezeichnet und ein Spiel hat sie, ganz wie es sich Auerbach gedacht hat. Ihr würdig zur Seite trat Herr Kurt Gühne, dem wir schon manche gelungene Interpretation zu verbanken haben. Der Sonntag brachte den längst ersehnten „Vogelhändler" mit Herrn Treumann in der Titelrolle, dem diese wie auf den Leib geschnitten schien, und am Dienstag folgte endlich das Benefice für unsere erste Liebhaberin, die Frl. Claire Beder. Das Stück „Flotte Weiber" bot ihr zwar keinen großen Spielraum, aber das Publikum wußte, was sie uns in der ganzen Saison war, und ehrte sie glänzend. Noch sind wir mit den Benefice-Abenden nicht zu Ende. Am Montag gedenkt Herr Lehmann, der ungemein fleißige Charakterdarsteller, „Sodoms Ende" von Sudermann in Szene zu setzen. Er wird, wie seine Vorgänger, ein volles Haus erzielen und das um so eher, als er, in Abweichung zur letzten Saison, die Hauptrolle übernommen und der Stoff verhältnismäßig noch neu ist. Und da auch wir die guten Trümpfe auf das Ende versparen, wollen wir gleich verraten, daß Frl. Olga Jäger noch da ist und am Montag ebenfalls auftreten wird. Das kann neuerdings eine lebhafte Theaterwoche absetzen!

Das Stadttheater hatte dauernd um seine Existenz zu kämpfen. Mancher Subventionserhöhung ging eine eifrige Debatte voraus. Aufruf an die Stimmbürger im «Nebelspalter» um 1905

Die Tonhalle in Zürich

Xylographie links:
Konzert in der alten
Tonhalle, die auf dem
heutigen Sechseläuten-
platz stand

Xylographie oben: Die
m ehemaligen Kornhaus
ntergebrachte alte Ton-
halle mit vorgelagertem
Palmen-Pavillon. Illu-
stration 1872 während
des Umbaus des Uto-
Quais. Links der eben in
Zürich gastierende
Zirkus Wulff

Die alte Tonhalle wird
abgebrochen. Innenauf-
nahme: 8. Juni 1896.
Außenansicht: 2. Juni
1896

Die Einweihung der neuen Tonhalle in Zürich.

Wie lange schien es in den letzten Jahren der Mühe, der Sorgen und Streitigkeiten zu dauern, bis die „Tonhallefrage" endlich „ab Fleck" kam, und wie rasch ist nun doch, da wir das Werk vollendet sehen, die Zeit verflogen, seitdem in der St. Peterskirche die Stadtgemeinde versammelt war, um in erregter Debatte die große Frage „Utoquai oder Alpenquai" zu entscheiden und glücklicherweise das letztere zu wählen. Jetzt steht die neue Tonhalle fix und fertig auf dem schönsten Fleck, den man ihr in Zürich anweisen konnte, und am Samstag Abend, den 19. Oktober, öffneten sich die Tore ihrer lichtdurchfluteten Hallen, um die Gäste zu empfangen, die zu ihrer Weihe eingeladen waren. Wagen um Wagen fuhr unter dem Portal an der Claridenstraße vor und ihnen entstiegen die Damen in Ballrobe mit übergeworfenem, leichtem Shawl und die Herren, die so elegant den „claque" zu führen verstanden, jenes Merkzeichen ächter Cavaliers, das ein leichter Druck mit der Hand aus einem Cylinderhut in einen Suppenteller umzuformen vermag. Drinnen im Vorraum machte die Honneurs des von stolzer Freude getragenen Hausherrn mit gewinnender Höflichkeit zunächst der Sekretär der neuen Tonhallegesellschaft, die Brust geschwellt von dem berechtigten Bewußtsein seines Anteils an dem vollbrachten Werk. Dann teilte sich der Strom der Eintretenden in die weite, zu ebener Erde liegende Garderobehalle mit ihren praktisch abgeteilten und eingerichteten Appartements. Die Säle selbst erreicht man auf breiten, bequemen Treppen, von denen die zu benutzende für jeden Besucher auf seinem Billet vorgemerkt war.

Und nun in den Saal! Mit erwartungsvoller Gespanntheit blickt jeder Eintretende um sich und über sich, sucht dann aber doch lieber erst sein Plätzchen in den schmucken Reihen der holzgeschnitzten, ungepolsterten Klappsitze, um die Herrlichkeit mit Muße zu betrachten und auf sich wirken zu lassen. Und es braucht einige Zeit, bis man in dem blendenden Glanz und Schimmer dieses fürstlichen Prunksaales zu ruhigem Anschauen sich gesammelt hat. Beschreiben kann man das nicht, wenigstens nicht in einem kurzen Festartikel, nur andeuten das überwältigende, zuerst fast drückende Gefühl, welches dieser Prunk und Pomp hervorruft.

Foto oben: Die neue Tonhalle im Bau. Links daneben Rotes und Weißes Schloß. Aufnahme 9. Oktober 1894

Die im Oktober 1895 eröffnete Tonhalle am Alpenquai (heute General-Guisan-Qua war eine Nachbildun des Pariser Trocadero

Die fünf Sinne in Zürich.

Man sieht nichts von einem Gottfr. Keller Denkmal.

Man fühlt nichts vom Steuerdruck (? die Red)

Man hört nichts vom neuen Künstlerhaus

Man schmeckt nichts als Galle u. Bitternis über die ewige Strassenaufgraberei

Man riecht nichts wie Theer u. Asphalt.

F. Boscovits jun.

Das Künstlergütli, Treffpunkt und Ausstellungsraum der Zürcher Kunstgesellschaft, lag an der heutigen Künstlergasse (ehemals Halseisen), an der Stelle der heutigen neuen Mensa der Universität

Zwischen dem Abbruch des Künstlergütlis für den Bau der Universität und der Eröffnung des Kunsthauses fand die Kunstgesellschaft vorübergehend im Künstlerhaus (Ecke Talstraße/Börsenstraße) Unterkunft

Die Wirkung

des Mayer'ſchen Marmor-Frieſes an der Henneberg-Gallerie auf den Sittlichkeitsverein.

Links: Der kleine Musentempel im Umzug zur Eröffnung des Kunsthauses im April 1910 war ein umstrittenes Sujet

Rechts: Das zwischen dem Roten und dem Weißen Schloß gelegene Palais des Kunstsammlers Gustav Henneberg, erbaut 1899, war mit einem Fries geschmückt, der zum Entsetzen einiger Moralfanatiker ziemlich viel Unbekleidetes zeigte

Wie das begeisterte Volk Hodlers « Wilhelm Tell » begrüßte

Mitteilungen aus dem Publikum.

Die Konkurrenzentwürfe zu den Wandgemälden des Waffensaales im schweizerischen Landesmuseum sind öffentlich ausgestellt; Pflicht jedes guten Bürgers ist es somit, sie zu besichtigen. Dieser Pflicht sind wir nachgekommen, und wünschten, daß niemand in dieser und der nächsten Woche am Helmhaus vorbeigehe, ohne einen Blick in die Ausstellung zu thun.

Was da ist, ist bald übersehen; nur zu bald. Wir hätten gerne mehr gefunden. Doch ist auch für den Laien viel Anregendes darunter, das zur Erwartung berechtigt, unter den Bewerbern den richtigen Mann zur würdigen Ausschmückung des Prunksaales im Landesmuseum finden zu können. Daß dieser das mit dem ersten Preis bedachte Künstler nicht sein könne, darüber herrscht bei unserem Publikum wohl nur eine Stimme! Wie der erste Preis wohl an diese blut-rünstige Ungeheuerlichkeit geraten ist?! War es Erbarmen der Preisrichter mit dem höchst bescheidenen Erfolg der ähnlichen Phantasiegebilde des gleichen Künstlers, welche die Kunsthalle in Genf „zierten" hatten? Oder war es die Nachwirkung des Mitleidens, das dessen Jammerbilder in der „modernen Kunst" an der Landesausstellung erweckt haben mußten? Wie dem auch sei, unverständlich erscheint diese preisrichterliche Beurteilung im höchsten Maße. Kann doch sicher davon die Rede nicht sein, das Landesmuseum mit derartigen, widerlich realistisch dargestellten, rohen Scenen zu bemalen; auch wenn ihnen wirklich, wie bei diesem ersten Preise, der Stempel des Unwahren, krankhaft Gezierten so naiv aufgedrückt wäre, daß der unbefangene Beschauer im Zweifel ist, ob eine tragische, ob eine komische Wirkung beabsichtigt sei.

A. J.

Lokales.

— (Mitgeteilt.) Der Einladung der Kunstgesellschaft zu einer Debatte über die brennendste aller brennenden Fragen, die Affäre Hodler, waren zahlreiche Mitglieder gefolgt. Die einleitenden Voten hatten einerseits die Herren Stadtpräsident Pestalozzi und Prof. Rahn, anderseits die Herren Dr. Karl Brun und Prof. Adolf Frey übernommen.

Herr Pestalozzi gab zunächst einen historischen Ueberblick über den Verlauf der ganzen Angelegenheit; dann begründete in eingehendem Vortrage Hr. Professor Rahn sein Urteil über den Hodlerschen Entwurf, auf das sich in seiner bekannten Eingabe an den Bundesrat der Stadtrat berufen hat. Er findet, daß der Entwurf seiner Bestimmung nicht entspreche. Seine dekorative Wirkung wäre auch auf andere Weise zu erreichen gewesen und trete weit zurück hinter den krassen Mängeln: der Unklarheit der Komposition, die sich nicht selbst erklärt, dem Mangel an Größe und Ernst, die das monumentale Historienbild bestimmen, der Sucht, das Häßliche und Brutale zu forcieren. Holbein als Zeitgenosse habe andere Typen gezeichnet. Korrektur im einzelnen sei hier fruchtlos; nur ein Neuwerk könne helfen.

Herr Dr. Brun und Herr Prof. Frey verkannten beide die Mängel des Entwurfes nicht; aber beide empfangen von ihm den imponierenden, überwältigenden Eindruck der Größe, der alle Bedenken kleinlich erscheinen läßt: von dem Eindruck echt epischer, monumentaler Größe spricht bewundernd jener, dieser von jenem großen Zug, nach dem unsere Kunst, die Kunst eines unkriegerischen Geschlechts, das den Krieg nur aus Bildern und Aufzügen kennt, schon lange sich sehne.

Herr Stadtbaumeister Gull, als kompetentester Beurteiler in dieser Frage durch den Redner citiert, bestätigt diese Anschauung. Hodler sei in seinem ersten Entwurf auf dem richtigen Wege gewesen, als er nur gleichsam den Extrakt des Grundgedankens zu geben bemüht war. Er werde auch jetzt durch geringe Aenderungen zu jener richtigen ersten Intention zurückkehren können, Einfachheit und Verständlichkeit der Komposition gewinnen. Man dürfe Hodler Vertrauen schenken, und solle sich hüten, nach dem unfertigen Carton schnell abzuurteilen. Wir werden ein Meisterwerk erhalten!

An der nun folgenden allgemeinen Diskussion beteiligten sich die Herren Direktor Angst, Prof. Scippel, Dr. Koller, Alb. Fleiner, Oberst Meister, Maler Gattiker, Bezirksrichter Kern, Baumeister Ulrich, Dr. Karl v. Muralt, Guyer-Freuler. In der sehr lebhaften Debatte, die sich mehrfach in Polemik verlor, kamen nun, soweit die ersten Voten nicht variiert wurden, etwa folgende Anschauungen zum Ausdruck. Die meisten Redner besinnen, in ihrer Beurteilung Hodlers in kürzerer oder längerer Zeit eine Wandlung durchgemacht zu haben vom Abscheu zur leidenschaftlosen Würdigung und Bewunderung. Diese Wandlung, so wird prophezeit, werde noch eine so allgemeine werden, daß wir an Hodler erleben würden, was wir an Wagner und Böcklin erlebt haben.

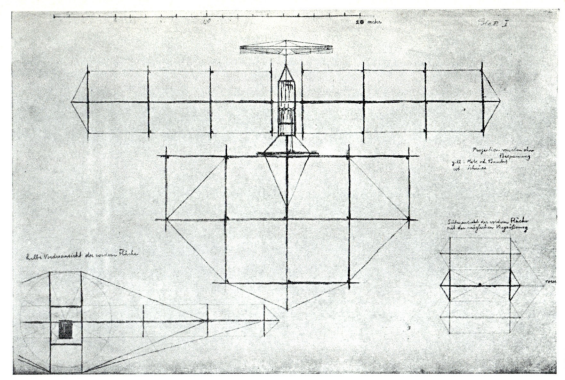

Arnold Böcklins Skizze
für den Bau eines Flug-
apparates

Böcklins Brief an einen
Berliner Redaktor über
seine Flugapparate

SPECKS ORIENT-CINEMA

Erstes und vornehmstes

Lichtspiel-Theater

—

Eigenes
Salon-Orchester

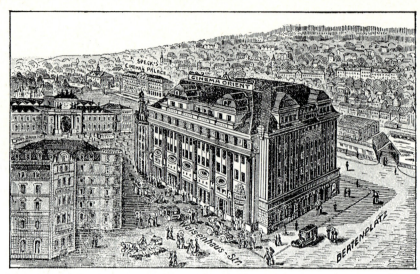

tion: Die Zürcher Kunstgesellschaft spricht dem hohen Bundesrat den Wunsch aus, es möchte Ferdinand Hodler Gelegenheit gegeben werden, sein Werk weiter zu führen.»

Die Nachwelt hat Hodler und seinen Zürcher Kollegen recht gegeben, und Heinrich Angst, der am Eröffnungstag des Schweizerischen Landesmuseums zum Ehrendoktor proklamiert wurde, erwies sich im übrigen als ein ganz ausgezeichneter Museumsdirektor.

Die Zürcher Künstlergesellschaft, schon 1787 als «Samstags-» oder «Donnerstags-Gesellschaft» gegründet, war zu jener Zeit im idyllisch gelegenen «Künstlergütli», einem schlichten Haus mit Restaurant und Sammlungsgebäude, beim Halseisen beheimatet. Nachdem ein Teil des Sammlungsbestandes schon 1894 dem Miniaturausstellungsgebäude an der Talstraße einverleibt worden war, fiel das Künstlergütli, «dieses ehrwürdige Wahrzeichen zürcherischen Kunstgeistes», 1909 dem Bau der Universität zum Opfer.

Die Sammlung wies noch einen bescheidenen Umfang auf. Neben wertvollen Handzeichnungen, Kupferstichen und Studienblättern überwogen die Werke damaliger Zeitgenossen, zu denen Koller, Böcklin, Albert Welti, Ottilie von Röderstein, Stäbli, Zünd, Stückelberg und der Bildhauer Richard Kissling gehörten. Der populärste Zürcher Künstler war unbestritten Rudolf Koller. Die «Gotthardpost» allein würde ausreichen, ihm die Unsterblichkeit zu sichern, schrieb Dändliker in seiner Kantonsgeschichte. Wer im Zürichhorn spazierte, unterließ es nie, einen Blick in das durch den Hornbach getrennte Gut «Zur Hornau» zu werfen. Nicht selten entdeckt man da den «bedeutendsten Tiermaler aller Zeiten», wie das Tagblatt schrieb, vor seinem Atelier an der Arbeit. Auf zwölf Staffeleien versuchte er gleichzeitig die Bewegungen seines berühmten Schimmels, der Kühe, Schafe und vieler anderer vierbeiniger Modelle im Bilde festzuhalten.

Arnold Böcklin, der Freund Kollers und Gottfried Kellers, arbeitete von 1885 bis 1892 in Hottingen, wo er gegen vierzig seiner bedeutendsten Bilder malte. Dabei waren Böcklins Werke zum Neid vieler Malerkollegen nicht die Früchte eines angespannten und aufreibenden Fleißes. Vor zehn Uhr tauchte er kaum einen Pinsel in die Farbe, und so um fünf legte er die Palette aus der Hand. Abends traf er sich mit Vorliebe mit seinen Freunden. Als er einmal mit seinem Malerfreund vom üblichen Beizenkehr angesäuselt heimkehrte, verloren beide den festen Boden unter den Füßen. Im Volke fragte man sich darauf, ob wohl der Koller über den Böcklin gekollert oder der Böcklin über den Koller geböckelt sei. Viel belächelt wurde auch Böcklins fixe Idee, auf Grund von Vogelbeobachtungen eine Flugmaschine bauen zu können. Schon 1853 hatte er in Rom einen Versuchsapparat gebaut, für den sich auch der Papst interessierte. «Ich kann mir und den Meinen damit ein Vermögen erwerben. Mit der Malerei kommt man doch auf keinen grünen Zweig.» Vierzig Jahre lang verfolgte er seine Pläne mit verbissenem Eifer. Einmal sprang er, so meldet ein Buch über die Pioniere der Schweizer Aviatik, mit einem Flugapparat vom Dach seines Hottinger Ateliers und brach sich den Arm. Weitere Versuche führte Böcklin in Florenz und Berlin durch, wo er Otto von Lilienthal in dessen Werkstatt aufsuchte. Erst nachdem er 1892 erkrankte und «vorübergehend» nach dem milderen Italien übersiedelte, legte er seine Flugzeugskizzen endgültig beiseite. Er starb 1899 in Florenz und wurde auf dem Ausländer-Friedhof beerdigt.

Wie die Zürcher Künstler zu ihrem Miniaturmuseum an der Talstraße kamen, ist eine Geschichte für sich: Von der Kommission der Weihnachtsausstellung 1894 im Börsensaal war ein von privater Seite offeriertes Gemälde des Malers Gabriel Max, «Die Braut von Messina», aus eher sittlichen als qualitativen Gründen zurückgewiesen worden, obwohl auch «der künstlerische Wert des Werkes allgemein nicht hoch angeschlagen wurde». Max war ein ursprünglich aus Böhmen stammender Künstler, der – von Piloty beeinflußt – in seiner Glanzzeit seine meist überdimensionierten Werke bei allen europäischen Museen an den Mann brachte. Der Kommissionsentscheid führte unter den Zürcher Künstlern zu einer Spaltung, und der neugegründete Verein «Künstlerhaus Zürich» hatte bald dreimal so viele Mitglieder wie die «Künstlergesellschaft». In einer 1895 im Hotel Baur au Lac stattfindenden Künstlerhaus-Ausstellung war die anstößige «Braut von Messina» zu sehen; aber die erwarteten Begeisterungs- und Proteststürme blieben aus. Noch im gleichen Jahr konnte der initiative Verein das unscheinbare «Künstlerhaus» an der Ecke Talstraße/Börsenstraße eröffnen. Als sich 1896 die feindlichen Malerbrüder wieder die Hand reichten und den Namen «Kunstgesellschaft» annahmen, war man für den spartanischen Zufluchtsort dankbar, da die Tage des Künstlergütlis gezählt waren.

Eine Sensation, um nicht zu sagen einen Skandal, verursachte 1893 ein in den Räumen der Schweizerischen Lehrmittelanstalt ausgestelltes Kolossalgemälde des auch im Künstlergütli mit einigen Werken vertretenen Polen Heinrich Siemiradzky. Nachdem das Publikum schon früher durch sein Bild «Die lebende Fackel Neros» alarmiert worden war, gestaltete sich der öffentliche Streit um sein neues Werk nun um so lebhafter. Das Tagblatt brachte folgende Einsendung, die auch als Zeitdokument interessant ist:

«Ein Bravo dem genialen Kritiker des Gemäldes ‚Weib oder Vase‘. Die äußerliche Prüderie auf der einen Seite und als Gegensatz die verkappte Sinnlichkeit namentlich der gegenwärtigen Männerwelt: Das ist's, woran unsere Zeit krankt. Es ist ein gemalter Kommentar zu Nordaus ‚Konventionelle Lügen‘. Jeder Gebildete, namentlich auch die Damenwelt, sollte das Bild ansehen, es gibt ihnen viel zu denken. Ein Beschauer, der eine halbe Stunde davor gesessen hat.»

Eine populäre, namentlich der Jugend vertraute Erscheinung war der Bildhauer Urs Eggenschwiler (1841–1923). Der durch seinen wallenden Bart und herkulischen Körperbau von weitem erkenntliche, schwerhörige Mann, der einst auf Schloß Linderhof für König Ludwig II. von Bayern gearbeitet hatte, erstellte landschaftliche Szenerien für die Tiergärten in Hamburg, Berlin und Wien. Auf dem Milchbuck hatte er sich eine eigene, primitive Menagerie eingerichtet, die bald zu einem beliebten Ausflüglerziel wurde. Als Minister Ilg vom Kaiser von Abessinien zwei junge Löwen geschenkt bekam, übergab er sie zuerst Eggenschwiler, der sie später in den Basler Zoo bringen mußte, da Zürich noch keinen Tiergarten besaß. Eggenschwiler schuf die Löwenfiguren vor dem Bundeshaus in Bern, auf dem Hafendamm Enge und viele andere Tierplastiken für öffentliche Gebäude und Museen. Als 1929 der Zürcher Zoo eröffnet wurde, erinnerte einer der Hauptinitianten, der ehemalige Plattengartenwirt Friedrich Mebes, an Eggenschwiler, dessen Ideen im Zürcher Tiergarten verwirklicht wurden.

Auch der Fall Karl Stauffer als tragische Geschichte eines jungen Genies in der Zeit der akademischen Genre-, Schwarten- und Salon-Malerei verdient hier Erwähnung. Nach einem Studienaufenthalt in Berlin hatte der junge Berner in den achtziger Jahren in Zürich Gottfried Keller und C.F. Meyer hervorragend radiert und in der Villa Bellevoir Lydia Welti, Frau eines Financiers, Schwiegertochter eines Bundesrates und Tochter von Alfred Escher, kennengelernt. In Rom, wo Stauffer später Bildhauer werden wollte, wurde er von Lydia und ihrem Mann besucht, darauf auf Befehl des Bundesrates wegen einer Liebesbeziehung zu Lydia in Ketten gelegt und ins Irrenhaus gebracht. Im Januar 1891 starb Stauffer an einer Überdosis Chloral. Er wurde im Florentiner Ausländer-Friedhof beerdigt, wo später auch der von Stauffer besonders hochgeschätzte Böcklin seine letzte Ruhestätte fand. Noch im gleichen Jahr vergiftete sich auch Lydia. Sie vermachte ihr riesiges Vermögen der von ihr gestifteten Gottfried-Keller-Stiftung.

Nach der dramatischen Kunst und der Musik kam endlich auch die bildende Kunst zu einem eigenen, großzügigen Heim. Die Kunstgesellschaft verwahrte in ihren Archiven bereits eine ganze Sammlung gescheiterter Projekte – von der Verwertung des alten gotischen Kaufhauses beim Fraumünster bis zur Überbauung des ehemaligen Kratzgebietes –, als sich die Gelegenheit bot, das Gut zum «Lindental» am Pfauen zu überbauen. Stadtrat Heinrich Landolt-Mousson hatte es 1885 der Stadt zu einem sehr niedrigen Preis testamentarisch zur Verfügung gestellt, mit dem Vorbehalt des lebenslangen Nutzungsrechtes für die Witwe. Frau Stadtrat Landolt-Mousson gab die generöse Erlaubnis, den Garten des «Lindentals» schon zu ihren Lebzeiten für den Bau eines städtischen Kunsthauses zu verwenden.

Am 30. September 1909 wurde im alten Künstlergütli mit einem lachenden und einem weinenden Auge Abschied gefeiert und am 17. April 1910 das Kunsthaus mit dem üblichen Pomp eröffnet. Am folgenden Tag wurden in einem glanzvollen Sechseläutenumzug unter dem Motto «Künstlergut – Künstlerhaus – Kunsthaus» die Höhepunkte der Zürcher «Kunstgeschichte» vorgeführt: vom Bau des Fraumünsters und des Großmünsters über den «Rückzug von Marignano» und Böcklins allegorische Figuren bis zu Kollers «Gotthardpost», dem «Stolz der Zürcher und der Krönung der gesamten hiesigen Malerei».

Abschied vom Künstlergütli und Eröffnung des Kunsthauses

Schlussgruppe   Turica und Pallas-Athene

Limmat-Athen um die Jahrhundertwende
Ansichten und Einsichten des alt Cordonnier Sebastian Gäuggeli

Ich liebe mein Zürich, welch eine Stadt ist es! An Umfang fast so groß wie London, an Inhalt unerreicht. Wenn ich bedenke, daß die Sonne jeden Tag auf 100- oder mehr tausend Menschen herabsieht, welche Zürcher genannt werden, auf eine veritable wahrhaftige Großstadt, und ich noch die «Fremdenindustrie» dazurechne und mich dabei erinnere, daß ich ein Zürcher bin, und dazu noch ein alter Zürcher, aus dem Kern der Stadt – dann schwillt meine Brust, dann regt sich in mir ein unvergleichliches Hochgefühl, und es quillt aus meinen Augen eine Träne edelsten Lokalpatriotismuses.

Eine veritable wahrhaftige Großstadt

Es sind der Gründe mehrere, warum mein Zürich als «Limmat-Athen» in der ganzen Welt bekannt ist. Einmal haben wir weit und breit die besten Schulen, die eine ausgedehnte, schier unglaubliche Bildung pflanzen; vom Kindergarten bis zu den höchsten Hochschulen ist das Jugendleben unter das Regiment des Schulmeisters gestellt. Dazu tritt, wie es aus der Natur dieser intensiven Schulung hervorgeht, ein ungeheures Bildungsbedürfnis. Es werden Vorträge gehalten, Vorträge hier und Vorträge dort; in der «Christlichen Wissenschaft» über die Heilung eines faulen Zahnes durch Willensimpuls, in der «Antiquarischen Gesellschaft» über die Türbeschläge der Arche Noah, in der «Zoologischen» über die Frösche des Aristophanes, in der «Geographischen» über die Reisen Jules Vernes zum Mond, im «Rhetorenklub» über den Wert von Pappelholz für Rednertribünen, im «Frauenverein für Mäßigkeit und Volkswohl» über billige Suppen, im «Radfahrerverein» über das Vorwärtskommen durch Treten, im «Radfahrerinnenklub» über das beste Mittel, Aufmerksamkeit zu erregen.

Unglaubliche Bildung und ein ungeheures Bildungsbedürfnis

Aber die Limmat-Athener sind auch ein lebenslustiges, genußfreudiges, fest- und vereinsfrohes Volk, das aller Welt ein Beispiel heiterer Lebenskunst, unverwüstlicher Genußfähigkeit und unverdorbener Sinnenfreudigkeit gibt. Was ich als besonders furchtbare (Der Verfasser meinte ohne Zweifel «fruchtbare». Der Herausgeber.) Errungenschaft von Groß-Zürich betrachte, das sind die Tingel-Tangel, die Corso- und Centraltheater. Mein Freund, Prof. Bütschgi, meint zwar, das seien alles Brutstätten des Lasters, Versumpfungsanlagen, Verführungslokale für die junge Männerwelt und dergleichen Schnickschnack. Da denke ich anders. Es wird in diesen Etablissements stets eine «gesunde Sinnlichkeit» gepflegt; sie sind nichts anderes als die Übersetzung der naturalistischen Bücher in die Tat, in die Praxis des Lebens; der junge Mann bekommt einen Begriff von dem, was «leben» heißt, und er lernt die philiströse Moral eines langweiligen Daseins abstreifen, er nimmt Eindrücke und Ausdrücke mit sich, die ihn zum Manne schmieden und ihm einen Halt geben für seine künftige Häuslichkeit. Vor allem aber werden dadurch die Fremden ausgezogen. (Der Verfasser meint ohne Zweifel «angezogen». Der Herausgeber.) Die Fremdenindustrie oder der Handel mit Fremden bildet doch einen wesentlichen Teil unserer Wohlfahrt.

Unverwüstliche Genußfähigkeit und unverdorbene Sinnenfreudigkeit

Was an Zürich ganz besonders zu loben ist, das sind seine zahllosen Sonntagsfeste und -festchen, Vergnügen und Vergnügelchen. «Wohin sollen wir gehen?» heißt es da jeweilen in der Samstagsnummer einer Allerweltszeitung, und nun werden sie aufgezählt, alle die Gelegenheiten und Lokale und Orte und Örtchen, und zwei Tage darauf wird der gelungene Ausflug des Vereins X, das ungemein gemütliche Fest des Vereins Y, die wahrhaft entzückende Feier des Vereins Z in dithyrambischer Begeisterung in einem band-

Wohin wollen wir gehen?

wurmartigen Artikel gefeiert, als ob sich eines der bedeutsamsten Ereignisse des Jahrhunderts im Dolderpark oder im Tonhalle-Wurstelprater abgespielt hätte.

Ich liebe das; der Sinn für das Wesentliche im Leben, für das Große, Bedeutsame, Echte wird damit wie im alten Athen gefördert; ich kann hier die Meinung Prof. Bütschgis nicht teilen, das sei alles schrecklicher Kohl und nur ein Wasserkopf könne an diesem erbärmlichen Rummel Freude finden. Mir schlagen die Pulse immer höher, wenn ich einerseits die außergewöhnliche Leistungsfähigkeit meiner lieben Zürcher auf diesem Gebiet, anderseits die liebevolle und eingehende Behandlung dieser Dinge durch die Presse sehe.

Endlich und letztlich heißt Zürich Limmat-Athen, weil seine Einwohner kunstsinnig und kunstverständig sind. Besonders lieben sie die Musik, gute, schlechte und volkstümliche, und das pompöse Theater, auf dem eine schwere Menge posaunender Engel steht; am Hause selbst sind wundervolle Sprüche über die Pflege des Guten, Wahren und Schönen aufgeführt, und wenn der Große von Bayreuth, der göttliche Meister, der Himmlische, der Einzige, Unvergleichliche, das Gute, Wahre und Schöne auf der Bühne zeigt, dann gehen alle Zürcher aus den Fugen, und nahezu eine Woche braucht es, bis man wieder etwas anderes genießen kann, und zwei, bis der Weihrauch sich verzogen hat, den ich wegen meiner schwachen Brust leider nicht mehr so vertrage wie früher. Ich bin überzeugt, wenn die Zürcher allgemein wüßten, daß der Hund des Meisters im Garten hinter den Escherhäusern begraben liegt, sie würden ein würdiges Monument und eine Trinkhalle daneben errichten und

Posaunende Engel und Wagners Hund

dort künftig alle musikalischen Vereinsfahnen weihen lassen.

Aber das Theater dient auch zur Aufführung des Unguten, Unschönen und Unwahren, wie männiglich sich überzeugen kann, wer den ganzen Winter diese Bildungsstätte besucht. Das tut mir leid, denn ich habe eine hohe Meinung von der Aufgabe des Theaters, und wenn ich shakespearsche Beredsamkeit hätte, würde ich mich klarer darüber ausdrücken; so aber, wie ich bin, sage ich einfach: Vieles ist Quatsch!

Vieles ist Quatsch!

Daneben haben wir Zürcher eine wunderbare Tonhalle, einen chinesisch-mexikanischen Renaissancebau, der den Beschauer in eine prickelnde Unruhe versetzt, weil er nicht erkennt, wo er mit dem bewundernden Auge anfangen und wo er aufhören soll. Aber inwendig ist es noch viel herrlicher; zweifellos schwebte dem Erbauer der Tempel des Herodes in Jerusalem vor, und es ist ein großes unverdientes Glück, daß die vortreffliche Akustik die mangelnde Einfachheit ersetzt. Ich bin sonst sehr für das Moderne; aber hier wäre weniger mehr, und wenn der Dichter sagt: «Ernst ist das Leben, heiter die Kunst», so hat er damit wohl kaum gemeint, daß sie überall Heiterkeitserfolge davontragen müsse. Doch ich will nicht elegisch werden, sondern mich freuen, daß in diesem Musentempel (mit Ausnahme der Jahrmärkte von Plundersweiler und sonstiger plundersweilerischer Narrenfeste) Gesang und Saitenspiel auch einen alten Zürcher mit der Zuckerbäckerarbeit dekorativer Kunst auszusöhnen vermögen und sein Herz in dem Bewußtsein höher schlagen lassen, ein Limmat-Athener zu sein.

Ernst ist das Leben, und die Kunst erntet Heiterkeitserfolge

Aus dem Nachlaß des NZZ-Redaktors Emil Frey

Poetische Occasionen
der Jahrhundertwende

Der Zürichberg

Der Zürichberg bietet überall
Spaziergänge die Fülle,
die lieblich zu gehen sind für den
    Fall:
es stinkt nicht grad nach Gülle.

Kunstpause

Die höhere Kunst hat im Sommer
    Ruh,
doch bläst und fiedelt es munter
in allen Biergärten immerzu,
vom Berg zum Quai hinunter.

Das Restenparadies

Der Adam saß im Paradies
mit Eva, die ihm Gott verhieß,
doch beide leider ohne Kleider,
es gab zur Zeit noch keine
    Schneider.

Heut eilt so manches Evapaar
zu Dreifus, das ist sonnenklar,
denn beste Resten eine Masse
hat Dreifus an der Münstergasse!

Das Alte ehren, dem Neuen wehren!

Ich bin der Heiri Bünzli,
Es führt mich mein täglicher Gang
– Selbstredend zur Arbeit des
    Tages –
Den Limmatufern entlang.
Ich sehe auf beiden Seiten
Die neuen Bauten ersteh'n,
Das alte Zürich verschwinden,
Das alte Zürich vergeh'n.
Und jeder mal'rische Winkel
In unserm traulichen Nest
Ist für mich, Heiri Bünzli,
Ein förmliches Augenfest.
Ja, könnt' man «nur» neue schaf-
    fen,
Da wo das alte verbleicht,
Es wäre für Zürich, das schöne,
Unendlich vieles erreicht.
Es sind Paläste und Bauten
In München, Wien und in Prag
Vielfach nach einer Schablone
Ganz wie in Paris und im Haag.
Jedoch die Türme und Erker,
Der heimelige Brunnenplatz;
Die krummen Gassen und Straßen,
Die sind unser Heimatschatz.
Drum rufe ich immer und immer
Und rufe es doppelt laut:
Erhaltet das treffliche Alte,
Nach alten Modellen baut!

Schmieren ist keine Kunst!

Ich bin der Heiri Bünzli,
Ein kunstbegeisterter Mann,
Dem viel's, was heute geschaffen,
Unmöglich mehr passen kann.
Zum Beispiel die Futuristen
Sind mir ein Greuel, fürwahr,
Kubisten und andere . . . isten
Nicht weniger, das ist klar.
Die Kerle schmieren auf Leinwand
Wahllos einen Farbenklex,
Und nennen das eine Richtung.
Der Mensch ist starr und perplex,
Wenn er das Gemalte betrachtet;
Er ärgert sich weidlich dabei,
Und sucht umsonst zu ergründen,
Wo da der Künstler noch sei.
Für diese Sorte von Malern
Fehlt mir Verständnis und Sinn;
Sie sind für's geistige Leben
Auch ohne Belang und Gewinn.
Und was zu ihrem Geschmiere
Bisweilen schreibt die Kritik,
Das geht schon über die Hutschnur
Und ist mir zu toll und zu dick.
Noch halte ich mich an die Alten:
Die Welti, Koller und Zünd,
Weil sie mir echte und wahre
Und ehrliche Künstler sind.

Das Droschkenwesen krankt

Was die Verkehrsmittel anbelangt,
so steht es in Zürich bescheiden;
besonders das Droschkenwesen krankt
stets an denselben Leiden.

Die Zahl der Droschken ist nicht sehr groß,
auf des Stadtbanns äußerem Runde
trifft man meist eine einzige bloß
im Umkreis von einer Stunde.

Den Rosselenker muß man vorerst
in der nächsten Kneipe suchen,
und wenn du darüber aufbegehrst,
fängt er lästerlich an zu fluchen.

Die Rosinante hat zum Trab
nicht die allermindeste Neigung;
der Kutscher steigt vom Bock herab
schon bei der geringsten Steigung.

Die Wagen sind gar plump und schwer,
wie man sie vor Zeiten gebaut hat,
und regnet's, so wird meist naß auch der,
der sich im Innern verstaut hat.

So trefflichen Leistungen entspricht
nicht ganz die Höhe der Taxen,
nur halten sich in der Regel nicht
die Kutscher an solche Faxen...

Die Frau kommt aufs Rad

Das Schönste an der Frau ist die Sittsamkeit, besonders seit sie auf dem Rade sitzt.

Das Wort «Weib» soll die «Verhüllte» heißen, weswegen das Wort «Dame» heute immer gebräuchlicher wird.

Kann es einen reizenderen Anblick geben als eine Frau hoch zu Rad? Welch tiefe Einblicke gewährt uns die radelige Dame in die Geheimnisse des schwachen Geschlechts?

Es liegt etwas Hinreißendes schon in der Art des «Fortschrittes», in dem gleichmäßigen Heben und Senken der Beine, in der wunderbaren Haltung des Oberkörpers, der strebsam mitwirkt und mit dem übrigen Menschen einen spitzen bis stumpfen Winkel bildet, kurz in der gesamten Totalität der geisterhaft dahinscheidenden Erscheinung der personifizierten Frauenwürde.

Es lebe das strampelnde, trampelnde einst so zarte Geschlecht!

Aus den Aphorismen Sebastian Gäuggelis, 1904

Sorgen haben die Leute
und was der Briefkastenonkel dazu meint

Mama S. in E. Wir glauben, daß sich von den zu spielenden Instrumenten für Ihr Töchterchen am besten die Nähmaschine eignet.

«Tante Sparhafen». Damit kann ein Student, er kann auch noch so solide sein, in Zürich nicht leben. Denken Sie doch an die hohen Fleischpreise – vom Bier gar nicht zu reden. Darum: Bist du mit zwei Händen zu helfen imstand, so hilf nicht nur mit einer Hand! Denken Sie doch: Die Freude, wenn Sie ihn dereinst auf der Kanzel sehen!

Frl. G.S. und A.M. in E. Ihre Magerkeit ist an und für sich kein krankhaftes Zeichen. Immerhin befinden sich magere Menschen den fetten gegenüber im Nachteil. Das Fett dient nämlich im Körper als Spar- und Reservestoff. Weniger aus diesen hygienischen, wie aus ästhetischen und kosmetischen Gründen hegen nun viele Damen, welche die Natur mit mageren und eckigen Formen ausgestattet hat, den sehnlichsten Wunsch, dick oder wenigstens etwas rund zu werden. Da Schönheit und Gesundheit demnach Hand in Hand gehen, wird auch der Arzt dieses Bestreben gerne unterstützen.

Ängstlicher in N. Nur nicht so ängstlich, mein Sohn – übrigens geben wir Ihnen und anderen Lesern, die im gleichen Spital krank sind, hiemit eine Reihe von diätischen und anderen Lebensregeln, die Ihnen unzweifelhaft ein hohes Alter sichern, wenn nicht etwas dazwischen kommt. Also passen Sie auf. Der berühmte Arzt John Sawyer befiehlt: 1. Schlafe acht Stunden. 2. Lege Strohmatten vor die Tür deines Schlafzimmers. 3. Das Bett darf nie die Mauern berühren. 4. Steige nie in eine kalte Wanne; das Bad muß die Temperatur deines Körpers haben. 5. Vor dem Frühstück mache dir körperliche Bewegungen. 6. Trinke keine Milch. 7. Iß viel Fett, um diejenigen Zellen zu nähren, die kranke Keime ausstoßen. 8. Meide berauschende Getränke, die jene Zellen zerstören. 9. Dulde keine Tiere in der Wohnung, die Krankheitskeime vermehren können. 10. Wenn möglich, lebe auf dem Lande. 11. Verschaffe dir Abwechslung in der Arbeit. 12. Nimm häufige und kurze Ferien. 13. Beschränke deinen Ehrgeiz. 14. Zügle dein Temperament.

B.L. in Z. Sie sind nicht der erste, der sich über das geräuschvolle Gebaren einer gewissen «jeunesse dorée» in Konzerten und im Theater ärgert. «Wo man singt, da laß' dich ruhig nieder», hat für solche Nebelhörner eben keine Geltung.

E.H., Bern. Recht verbindlichen Dank. Es freut uns, nun für unsere Leser mitteilen zu können, daß der in der Schweiz konsumierte Safran meist aus Frankreich und Spanien kommt und mit demjenigen absolut nichts zu tun hat, der in Teppichen eingenäht zum Einhüllen skiitischer Leichname für den Transport nach Kherbela gedient hat.

Fr. B.A. in L. Die Behauptung Ihrer Köchin, wöchentlich dreimal gesottenes Rindfleisch sei absolut nötig «wegen der Brühe», ist unhaltbar und beruht wahrscheinlich auf Bequemlichkeit. Im Zeitalter der Maggi-Präparate glaubt solche Märchen kein denkender Mensch mehr.

Junggeselle in E. Ist ja recht schwungvoll Ihr Hymnus auf den Sommer. «Wieder entzücken uns die lieblichen Mädchen- und Frauenblumen in ihren zarten, frischen, duftigen Vorsommer-Toiletten.» Gewiß, und Sie als Junggeselle haben gut entzückt sein. Sie haben weder Frau noch Tochter, deren Schneider-Rechnungen Ihren Enthusiasmus dämpfen könnten.

Blutarme in O. Sie dürfen die Eisenspäne doch nie innerlich einnehmen, sondern nur Rotwein darauf gießen, 24 Stunden stehen lassen und letzteren dann löffelweise einnehmen.

Hrn. O.A. in B. Einen Badeort, wo Sie mit Ihren dreizehn Kindern sicher auf eine freundliche Aufnahme rechnen dürfen, vermögen wir Ihnen nicht anzugeben. Am sichersten gehen Sie jedenfalls, wenn Sie ein einsam gelegenes Dorf im Appenzellerland wählen und dort als Vorsteher einer Ferienkolonie auftreten.

In der Spielwarenabteilung des Warenhauses Jelmoli. 1902

Das Grand Hotel Dolder
war wegen seiner idyl-
lischen Lage bald be-
rühmt. Eine beliebte
Attraktion war das Fern-
rohr auf der Hotelterrasse.
Aufnahme um 1907

Achtzehnjährige in Z. Sie wählen sich das populäre Thema: «Liebeslust» und schließen nach pflichtschuldiger Verwendung der Reime: «Rosen – Kosen», «Kuß – Gruß», «Lippen – nippen», «Gab – Grab» wie folgt:

«O sei mir nicht böse, du Schöpfer der Liebe,
Du gabst ja den Adern das rollende Blut,
Du gabst mir der Liebe hochheilige Triebe,
Ich danke Dir Vater – Du tatest d'ran gut.»

Ohne Zweifel wird sich der Schöpfer ob des ihm gespendeten Lobes sehr geschmeichelt fühlen. Ob Sie fortfahren sollen zu dichten, müssen wir Ihnen überlassen. – A propos: Haben Sie schon gelesen, daß im Römerhof Zürich ab und zu Gaskochkurse abgehalten werden?

Dichterling von der Feldstraße, hier. Sie halten die Melancholie für die beste Stimmung zum Dichten. Nun, wenn Sie durchaus durch Melancholie zum Dichter werden, trinken Sie doch – zwei Liter «Bendliker».

P.O. in Zug. «Die am Saume des Waldes stehende uralte Tante, die zwei Männer kaum zu umspannen vermochten», von welcher in Ihrer Zeitung die Rede war, wird wohl eine vom Druckfehlerkobold mißhandelte Tanne gewesen sein.

Frl. Emmy R. in Oerlikon. Ihre «Phantasien auf dem Bycicle» oder «Sonntagsspaziergänge einer feschen Radlerin» müssen wir dankend ablehnen. Das Rädchen erfreut sich nur unserer Sympathie, wenn kein Frauenzimmer draufsitzt.

G.G. in O. Sie befinden sich mit Ihrer Abneigung gegen die Benzinbolde in sehr guter und zahlreicher Gesellschaft. Wollen Ihnen nicht vorenthalten, was da Einer kürzlich geschrieben hat!

Wie schön ist unser Limmattal
Des Sonntags früh im Morgenstrahl,
Die reine klare Himmelsluft
Voll Vogelsang und Blumenduft.
Da saust ein Ding vorbei im Nu:
«Töff, töff, töff, töff! Pu, pu, pu, puh!»
Zum Teufel ist die Sonntagsruh'.
Die Autler rasen vor mir hin –
Der ganze Wald riecht nach Benzin!

Ich lenke rasch zum Berg den Schritt
Und flüchte in des Waldes Mitt',
Wie schmeckt der Lunge das Ozon,
Vor Freuden will ich singen schon!
Da fliegt ein Ding vorbei im Nu:
«Töff, töff, töff, töff! Pu, pu, pu, puh!»
Zum Teufel ist die Waldesruh'.
Sechs Autler rasen vor mir hin –
Der Wald erduftet nach Benzin!

Und halt ich's nimmer aus zu Haus
Und reis ich in die Welt hinaus
Nach Wien, Berlin, Paris und Rom –
Am Eifelturm, am Stephansdom
Beim alten Fritz, beim Papst – hu, huh!
«Töff, töff, töff, töff! Pu, pu, pu, puh!»
Schnauft's überall, 's gibt nirgends Ruh:
Ich kann dem Teufel nicht entflieh'n –
Die ganze Welt stinkt nach Benzin!

(1907)

Idylle am Weinplatz.
Um 1912

Vom Panoptikum zum Kinematographen:
Als die Bilder laufen lernten

«Nun hat auch Zürich, um in der Kultur nicht hinter anderen Großstädten zurückzustehen, ein ständiges Panoptikum erhalten. Am unteren Mühlesteg befindet es sich und ist eines Besuches wohl wert», schrieb die «Zürcher Wochen-Chronik» am 6.Januar 1900.

Inhaber des am Heiligen Abend 1899 eröffneten Panoptikums war Jean Speck, ehemals Wirt im «Weißen Kreuz» an der Schifflände und danach im «Schwänli» am Predigerplatz, wo er «zum Amusement eines verehrten Publikums» tätowierte Damen, Zwerge und Riesen, Negerhäuptlinge, heulende Derwische, Degenschlucker, Feuerfresser, Fakire und Bauchtänzerinnen auftreten ließ. Im neuen Panoptikum gab es nicht nur den Rütlischwur, Geßlers Tod und Winkelrieds Leiche in Wachs zu sehen. Schon früh gehörten auch drei- bis fünfminutige Filme wie «Das gestörte Rendez-vous» und andere Pikanterien zum Programm. Die Attraktionen wurden stehend und entblößten Hauptes genossen.

Schon 1882 hatte Director Mellini, Ritter des persischen Sonnen- und Löwenordens, Träger der goldenen Medaille für Kunst und Wissenschaft, dem hoch verehrungswürdigen Zürcher Publikum «mittelst des neuerfundenen elektrischen Licht-Apparates Agioskop» seine Original-Geister-Erscheinungen und die kolossale dreifache Wunder-Fontaine genannt «Chromotechnekataractapoikile» vorgestellt. Mellini hieß eigentlich Hermann Mehl, entstammte einer alten deutschen Schaustellerfamilie und galt als der beste Zauberkünstler seiner Zeit. «Mellini zeichnet sich zudem durch ein konciliantes, weltmännisches Wesen aus, besitzt ein direkt oratorisches Talent und einen künstlerischen Geschmack in bezug auf Dekorationen. Seine berühmten Lichtfontänen auf der mit echten Teppichen behangenen Bühne bieten direkt einen ästhetischen Genuß.»

Zwar war schon anfangs der neunziger Jahre ein deutscher Experimentator in Zürich angekommen, der einen Vortrag über den sogenannten «Schnellseher» hielt, und am 6. November 1896 wurde in der Tonhalle erstmals einem größeren Publikum das moderne Wunder der lebenden Photographie gezeigt. 1897 führte der wandernde Schausteller Phillipp Leilich auf der Rotwandwiese seinen «Lumière Kinematographen» vor. Im Sommer 1899 waren im Pavillon der Tonhalle «lebende Bilder zu sehen, von denen namentlich die komischen beim Publikum stark einschlugen». In der Spielzeit 1899/1900 bot das Pfauentheater im Vorprogramm «sensationelle kinematographische Vorstellungen mit stets wechselndem Programm». Aber das wichtigste Ereignis im Vorfeld des ersten, ständigen Kinematographen-Theaters war zweifellos Specks «Panoptikum und Museum Zürich» am unteren Mühlesteg.

In seinen zwölf Räumlichkeiten figurierten neben den patriotischen Wachsfiguren eine Verbrechergalerie, ein Femegericht und diverse anatomische Nachbildungen im Glas. Bald erwarb das Etablissement auch einen Kinematographen zur Vorführung lebender Bilder mit täglich wechselndem Monster-Programm.

Mitte Januar 1902 wurden im großen Börsesaal von der Zürcher Firma Ganz vor einem zahlreichen Publikum kinematographische Aufnahmen der Oberammergauer Passionsspiele gezeigt; 1904 erreichte der Film von Edwin S. Porter «The great Train Robbery» unsere Stadt. Der Realismus dieser nach tatsächlichen Begebenheiten gedrehten Zugsraubgeschichte muß auf den damaligen Betrachter absolut «live» gewirkt haben, schrieb doch die etwas naive «Zürcher Wochen-Chronik» am 10. September wörtlich: «In einem wandernden Kinematographen wird bereits jener Eisenbahnüberfall in den Vereinigten Staaten vorgeführt, bei welchem alle Passagiere eines ganzen Eisenbahnzuges unter Todesdrohung total ausgeraubt wurden. Die Frage nach der photographischen Aufnahme solcher Vorgänge könnte beinahe wie diese selbst interessieren...»

Daß das Publikum solche Sensationen mit Applaus quittierte, gab den Pionieren recht: In Zürich hatte der Film eine Zukunft. Wenn die kulturellen Feinschmecker zunächst zwar abseits standen, so wollte doch der «Mastburger» seinen fröhlichen Abend haben.

Mit Tricks und Ton Sensationell müssen die Filmvorführungen auf einer Riesenleinwand im Konzertsaal der Tonhalle gewesen sein, wo die amerikanische Gesellschaft «Vitagraph» Szenen von fahrenden Eisenbahnzügen in der Coloradoschlucht, vom Treiben in einem mondänen Badeort Floridas mit Übungen von Turmspringern und, als Clou, von der ausrückenden Londoner Feuerwehr zeigte. Hier gab es noch nie dagewesene Höhepunkte: Einmal tauchte der Turmspringer aus dem Wasser des Bassins wieder auf und flog **Die verkehrte Welt** auf das hochgelegene Sprungbrett zurück, und der mit drei Pferden bespannte Feuerwehrwagen raste durch die Straßen rückwärts ins Depot. Der Publikumserfolg dieser Vorstellungen war so enorm, daß später Wiederholungen stattfanden. Mit neuen Sensationen! Eine besondere Nervensäge war das halsbrecherische Automobilrennen auf der Brooklands-Piste. Obwohl man noch tief in der Stummfilmzeit steckte, war dieser Streifen ein Tonfilm, denn zwischen der Konzertorgel und der Leinwand hatte man auf dem **Mit Motorrädern und Pistolen** Podium zwei schwere Motorräder aufgebockt, die von Mechanikern je nach Bedarf auf Touren gejagt wurden. Den erfolgreichen Trick mit dem Motorrad benützte später auch das kleine Kino «Radium» an der Mühlegasse, aber nicht sehr lange, da der ausgiebig produzierte Auspuffrauch im Kinoraum bald lebensgefährlich wurde.

Dafür gab es im «Radium» später echte Pistolenschüsse, die bei den damals beliebten Attentatsfilmen hinter der Leinwand abgefeuert wurden. Besondere Erwähnung verdient die Eröffnung von Jean Specks «Waisenhaus Kinematographen-Theater» (Einziges Etablissement der Schweiz mit fortwährenden Tagesvorstellungen. Schaustellungen. Spezialitäten. Automatenausstellung. Erfrischungsraum!) am 12. April 1907. Der Saal faßte laut Reklame 250 Personen, war aber bereits mit 200 Leuten stark übersetzt. Im folgenden Jahr bezeichnete sich Speck zusätzlich als «Tonbild-Theater» und annoncierte als neueste Attraktion sprechende und singende Nummern.

Sensationslust und Sinneskitzel Die Behörde, die anfänglich die Kinematographen lediglich der Schaustellerordnung unterstellt hatte, erließ am 7. November 1907 erste, spezielle Kino-Bestimmungen, die vor allem bau- und feuerpolizeiliche Vorschriften enthielten. Im Februar 1909 traten weitere einschränkende Klauseln betreffend den Kinder- und Jugendschutz in Kraft.

Die «Kinderschutzvereinigung» des Ferienkolonie-Pfarrers G. Bosshard war mehrfach gegen die negativen Einflüsse der «lebenden Bilder» aufgetreten. Die Folge war, daß die Polizei den Kinobesuch der Kinder nur noch in Begleitung Erwachsener erlaubte. Als 1909 der Besitzer des Mühlegaß-Kinos ein «Gesuch behufs spezielle Kindervorstellungen an zwei Wochennachmittagen mit eigens gewählten Programmen» einreichte, lehnte der Polizeivorstand die Eingabe mit dem Argument ab, «die Jugend sei auch ohne Besuch von Kinematographenvorstellungen genugsam den schädlichen Einflüssen der vielfach auf Sensationslust und Sinneskitzel berechneten Schaustellungen der Kinematographenindustrie ausgesetzt».

Im Jahr 1910 waren in Zürich bereits zehn Kinotheater in Betrieb, so viele wie in Basel, Bern, Lausanne und St. Gallen zusammen. Die vermeintlich nur negativen Einflüsse des Films mobilisierten vor allem die Lehrerschaft, die sich mehrmals gegen die weitere Zulassung neuer Kinos

127

in der Nähe von Schulen aussprach. Aber die «laufenden Bilder» ließen sich nicht aufhalten, und im Jahre 1915 schrieb sogar eine filmfreudige Leserin der «Zürcher Wochen-Chronik» über den «Zürcherhof-Kino am Sonnenquai»: «Die Vorstellungen bieten wirklich großen Genuß, und da sich die Bilder durchaus im Rahmen strengsten Anstands bewegen, so eignen sich die Vorstellungen sehr wohl für die liebe Kinderwelt.»

Vergessen wir nicht: Die Filmkunst der Belle Epoque war noch ganz Bildkunst. Da und dort wurde die Dramatik des Gezeigten von einem Pianisten oder einem kleinen Orchester unterstrichen. Erst im Sommer 1929 meldete die Presse: «Nun haben wir den Film, der musiziert und spricht und der die schönste und magischste aller Sprachen: die Stummheit, schmählich verläßt. Ein sprechendes Bild wird immer ein Schwindel bleiben. Der Ton- und Sprechfilm ‚Das Schauboot‘, der jetzt im Capitol-Theater vorgeführt wird, ist eine Klitterung von Geräuschfilm und Gesangsfilm, ein Minotaur der Technik und eine wirtschaftlich-spekulative Geburt. Er wird eines Tages so und so viele Musiker brotlos machen. Das Kino-Orchester war ihnen noch das einzige künstlerische Neuland. Und nun haben sie auch das noch verloren. Wenn der Tonfilm sich als Neuerung bewährt, auf die unsere Zivilisation gewartet hat, dann hat man diese Musiker zu Recht entlassen. Wenn der Tonfilm aber keine Beglückung und ein verfehltes Experiment ist, dann hat er einen Teil dieser Musiker auf dem Gewissen.»

Der Höhepunkt der Schrecken:
Die Maschinen sprechen!

Mit einem «Hallo» fing die Geschichte der Schallplatte an. Es war kein Menschenmund, der dieses Wort sprach; es war ein kaltes künstliches Gebilde aus Gußeisen, Blech und Paraffin. Es war das erste Wort, das festgehalten und wieder hörbar gemacht wurde – am 18.Juli 1877. Edison hatte die menschliche Sprache konserviert, dem flüchtigen Schall Dauer verliehen und damit Lafontaines prophetisches Wort in Frage gestellt: «Und der Höhepunkt des Schreckens: die Maschinen sprechen.»

Die menschliche Sprache ist konserviert

Im Jahre 1878 ließ Edison den von seinem Schweizer Mitarbeiter John Kruesi konstruierten Phonographen patentieren. Wenig später tauchte die Sprechmaschine in Europa auf, und es brauchte einiges an Überredungskünsten, um den Zuhörern klarzumachen, daß es sich nicht um den billigen Jahrmarktstrick eines geschäftstüchtigen Bauchredners handelte.

Musiktankstellen und das possierliche elektrische Klavier

In Zürich genoß man die epochale Erfindung hauptsächlich an den Mai- und Martinimärkten, wo eine «Musiktankstelle» stand: ein Phonograph mit zehn Gummischläuchen, deren Enden sich die Kunden für einen Fünfer ins Ohr stecken durften. Und dann vernahmen sie das «Vaterunser» oder eine Ansprache des amerikanischen Präsidenten.

Im Oktober 1891 beeilte sich die «Neue Zürcher Zeitung», auf das Weltwunder «Grammophon» aufmerksam zu machen, «das sich jetzt auf verschiedenen Straßen der Stadt hören läßt». 1900 veranstaltete das Warenhaus Jelmoli in seinem Erfrischungsraum täglich ein Phonographenkonzert. Aber die neue Maschine war im Kampf um die Gunst nicht alleiniger Favorit. So meldete die Zürcher Chronik 1902: «In einem hiesigen Hotel befindet sich ein sogenanntes elektrisches Klavier, welches namentlich von Landbewohnern angestaunt wird. Possierlich anzusehen war nun letzten Sonntag, wie vor Mittag der elektrische Strom mitten im Stück abgestellt wurde und der Wirt mit der Kurbel einsetzen mußte.»

Aber noch im selben Jahr entnahm man der Zeitung: «Im Corsotheater fanden kürzlich Vorführungen des neuen phonographischen Apparates ‚Giant‘ in seinen ins Wunderbare grenzenden Leistungen statt. Während bei den bisherigen Systemen die Reproduktion selten eine ganz reine war und zumeist durch widrige Nebengeräusche, wie Schnarren oder Kreischen, getrübt wurde, ist beim ‚Giant‘ die Wiedergabe der Töne eine vollkommen klare und reine. Hr. J.G.Muggli (Enge) ließ durch seinen Apparat Liedervorträge hervorragender Sänger und Sängerinnen, ferner Orchesterstücke, sowie Solostücke auf Violine, Cornet, Klarinette, Xylophon u.s.w., auch Deklamationen und humoristische Szenen ausführen, und alle diese tadellosen Produktionen fanden bei den Anwesenden lebhaften Beifall. Nach diesen Proben darf es als zweifellos gelten, daß es mittelst des ‚Giant‘ möglich ist, Reden berühmter Männer, sowie den Vortrag hervorragender Bühnenkünstler oder Sänger für alle Zeit festzuhalten und zu beliebiger Zeit und beliebig oft zu reproduzieren. Der interessante Apparat ist aber auch dazu geeignet, die Erinnerungen an Freunde oder Verwandte, die in der Ferne weilen oder gestorben sind, dadurch wach zu halten, daß wir uns ihre Stimme in natürlich getreuem Ton und Accent zu Gehör bringen können.»

Giant bietet vollkommenen Genuß

Schon im Vorjahre konnte man übrigens mit dem «neuen, verbesserten Familien-Phonographen der Gebrüder Hug» in Familien- und

Freundeskreisen Selbstaufnahmen von Gesprächen, Gesangs- und Musikaufnahmen herstellen, die viel Spaß bereiteten. Und 1907 schien der Durchbruch von der Jahrmarktsattraktion zum Kunstmedium gelungen zu sein: «Das Neueste in Zürich ist eine Grammophon-Soirée, wie solche Freitag, den 21. dies, in der ,Blauen Fahne' arrangiert worden war. Es handelte sich dabei um eine außergewöhnliche, vom künstlerischen Standpunkte aus bedeutende Veranstaltung, welche der Popularisierung des echten Grammophons dienen soll. Gottbegnadete Künstler, wie Enrico Caruso, Adeline Patti, Antonio Scotti, Karl Jörn und andere wurden in ihren besten Glanzrollen so formvollendet zu Gehör gebracht, daß damit dem musikverständigen Publikum ein überaus seltener Genuß sich darbot. Das Musikhaus Hug & Cie. hatte Apparat und Platten zur Verfügung gestellt. Die Soirée ist nachahmenswert.»

Doch nicht genug! Kaum aus den Kinderschuhen herausgewachsen, fing die Konservenmusik an, eigene, unkonventionelle Wege zu gehen. Das tontechnische Experiment begann. 1910 meldete ein Kunstkritiker: «Vor kurzem war ich Zeuge eines eigenartigen akustischen Experiments: die Walze eines Phonographen, die ein melodiöses Tonstück aufgenommen hatte, wurde verkehrt abgedreht, so daß der letzte Ton zuerst, der erste zuletzt erschien und sich die ganze Musik sozusagen in ihr Gegenteil verwandelte. Takt, Rhythmus und Tonalität gingen in dieser komplett sinnwidrigen Tonfolge zugrunde, wie es ja bei einer absichtlich konstruierten Klangfratze nicht anders zu erwarten war. Unter den Zuhörern befand sich ein dekadenter Tonkünstler, dessen Nerven auf jenen Kunstgenuß anders reagierten, als die unsrigen. Er gab zwar zu, daß das verkehrt wiederholte Tonstück einen Stich ins Grotesk-Komische besäße, fand jedoch in seiner Abenteuerlichkeit einen interessanten, ungewöhnlich originellen Wertzuwachs und erklärte schließlich, daß ihm die überraschenden Intervalle der Produktion eine bedeutsame Anregung für sein eigenes Schaffen geliefert hätten.»

Das Wettrennen Paris–Wien 1902
Oder: Die ersten Automobile wirbeln Staub auf

Die Automobilisten kommen! Anfangs Juni 1902 kam aus Paris die Nachricht, das Automobilwettrennen Paris–Wien werde durch die Schweiz führen. Mit den Regierungen der zu durchfahrenden Kantone seien alle nötigen Vereinbarungen getroffen, es sei eine Höchstgeschwindigkeit von 30 Stundenkilometern vereinbart worden. In den Ortschaften solle sie weniger betragen!

Zwei Wochen später teilte das Polizeikommando mit: «Am 27. Juni, vermutlich vormittags 7–8 Uhr, werden die Teilnehmer der Wettfahrt Paris–Wien von Baden her über Zürich eintreffen, nachdem sie um 5 Uhr früh Belfort verlassen haben. In Zürich wird die Badenerstraße bis zum Alpenquai benützt, dann die Rämistraße, die Universitätstraße hinauf über Schwamendingen nach Winterthur bis Bregenz. Die ganze Route wird durch orangefarbene Affichen markiert, blaue Fahnen zeigen Hindernisse an, so daß die Einwohnerschaft sich behufs Vermeidung von Unglücksfällen darnach richten kann.» In einer nachträglichen Verlautbarung der Polizei hieß es: «In den Städten und Dörfern beträgt die Geschwindigkeit der Fahrzeuge 12 Stundenkilometer, deshalb treffen die Rennfahrer in Zürich später ein, auch sind es nicht 40–50, sondern 120–150 Fahrzeuge, und die ganze Durchfahrt wird ca. 4 Stunden dauern.» Einen Tag nach dem Rennen, am 28. Juni, berichtete das Tagblatt über das spektakuläre Ereignis:

«Den Wettfahrern Paris–Wien brachte die städtische Bevölkerung gestern viel Interesse, Geduld und Rücksichtnahme entgegen. Schon vormittags um 10 Uhr hatten sich längs der Straßen lange Reihen Schaulustiger aufgestellt, die da der Ansicht lebten, daß, wer so schnell wie die Eisenbahn fahren könne, dies auch mit der gleichen fahrplanmäßigen Pünktlichkeit tun werde. Aus irgend welchen Ursachen trat indes eine Verspätung ein. Statt um 10 Uhr nahte sich der Spitzenwagen erst um 11.30 Uhr dem Stadthausquai, dann aber folgten sich die **drachenartig schnaubenden** und kollernden **Ungeheuer** mit ihren gespensterhaft eingekleideten Führern Schlag auf Schlag. Mit großer Ausdauer hielt das Publikum an dem seltsamen Schauspiel fest. Wo in den Reihen Lücken entstanden, wurden sie alsbald wieder von neu hinzugekommenen Schaulustigen ausgefüllt.

Die längs der Fahrbahn aufgestellten Stadtpolizisten hatten schwere Arbeit, ihr Augenmerk gleichzeitig auf den Tram- und Fuhrwerksverkehr und das Publikum zu richten. Sobald der Polizeimann mit der blauen Fahne winkte, wußte man: ‚Es chunnt wieder eine.‘ Die Kritik beschäftigte sich hauptsächlich mit den verschiedenartigen Formen der Vehikel und der persönlichen Erscheinung der Fahrer. Es kamen hochgebaute, deren Insassen gleich **vorsündflutlichen Kämpfern** aus **glasbewehrten Lederhelmen** herniederschauten. Jener war kohlrabenschwarz als wie ein Mohr von Angesicht, diesem sah man brennenden Durst von weitem schon am geöffneten Lippenpaar an; der eine saß stolz wie zu Pferd, der andere mehr ängstlich gebückt sich ans Steuerrad klammernd, alle aber unbeweglich wie von Stahl gradaus schauend, um jedes Vorkommnis auf der Fahrbahn rechtzeitig zu erspähen. Der Mehrzahl nach waren die Automobile von nicht sehr hoher Bauart, durchwegs dagegen von ansehnlicher Länge und schwer mit Requisiten aller Art belastet. Ein Dreirad, das im Zuge mitfuhr, muß seinen Reiter besonders stark geschüttelt haben. Der Arme saß auf seiner tobenden Maschine mit fast waagrecht vorgelegtem Oberkörper, aber dennoch erhobenen Hauptes, auch er von dem einzigen Gedanken beseelt, so schnell als möglich vorwärts zu kommen. Alles in allem gestaltete sich die Szenerie, weil noch nie dagewesen, recht interessant und verlor im Laufe der Vorbeifahrt etwas von ihrem gewalttätigen Charakter. Immerhin wird niemand wünschen, daß sie sich auf den friedlichen Straßen unserer Stadt täglich wiederhole. Als erster traf in St. Margrethen ein Baron de Cniff, um 2 Uhr 45 Min., der gleiche Renner, welcher auch hier auf das mit dem Zürichschildchen gezeichnete Spitzenautomobil folgte. Man wird sich nun wahrscheinlich auf eine bequemere Benamsung des Kraftwagens einigen müssen. Ein Jüngelchen, das gestern auf dem Mäuerchen an der Rämistraße saß, taufte das Ding kurzweg ‚Automat‘.»

Die «Chronik der Stadt Zürich» entschuldigte sich bei ihren Lesern, daß es ihrem Photographen nicht gelang, «Aufnahmen von Automobilen, die im Lauf sich befinden, zu machen», veröffentlichte aber ein Bild über die Automobilstation in der Hardau und folgende Schilderung:

Stücklikästen und Schnitztröge «So sind sie denn überstanden, die Automobilisten nämlich, die auf ihrer Wettfahrt von Paris nach Wien in wilder Hast unser Land durchrasten. Einen schönen Anblick boten weder die Vehikel, die wie wütend gewordene Stücklikästen oder Schnitztröge aussahen, noch die in Harztuchmäntel eingemummten und scheußliche Masken tragenden Insassen. Aufnahmen von Automobilen, die im Lauf sich befinden, zu machen, gelang unsern Photographen nicht, was wir keineswegs bedauern. Was wäre dabei herausgekommen? Eine Staubwolke und die Andeutung unheimlicher Fratzen, das wäre alles gewesen, und das wollen wir gerne entbehren. Dagegen bringen wir eine gelungene Aufnahme von Automobilisten, die in der Hardau Rast hielten, die Maschine und sich selbst restaurierten und Benzin faßten. – Es wird lange währen, bis man sich an den Anblick der neuen Fahrzeuge gewöhnt, und noch länger, bis sie sich die Sympathien des Publikums werden erworben haben. Es liegt in ihnen und in denen, die sie lenken, eine gewisse Rücksichtslosigkeit, ein Sichhinwegsetzen über alles, was ihnen im Wege steht, Menschen und Tiere, Polizei und bür-

gerliche Ordnung. Was Wunder, daß der Name bereits ein Schimpfwort geworden ist und der Landmann, der mit einem magern Kühlein Mist auf den Acker führt, dieses, wenn es nicht richtig ziehen will, mit dem Stecken antreibt und ihm zuruft: ‚Ich will dich lehren still stehn, verdammtes Automobil, das du bist!‘

Das Fahrzeug mag eine Zukunft haben, allein es wird, wie gesagt, schon seines Preises und der Protzenhaftigkeit wegen, die ihm innewohnt, populär kaum werden. Volk hatte sich überall auf den Straßen, wo sie durchkamen, aufgestellt, um sie zu sehen und an ihnen den Witz zu üben, so viel, daß jedenfalls ein tüchtiger Arbeitsausfall zu verzeichnen wäre. Das Automobil wird kaum populär werden

Der wilden Jagd zu folgen und deren Resultate zu verzeichnen, dazu fühlen wir uns keineswegs veranlaßt; wir lassen sie davonrasen und sind froh, wenn der Mißgeruch, den sie zurückließen, sich verzogen hat und die Erinnerung an die scheußlichen Bollaugen durch angenehmere Bilder verwischt wird. Etwelche Nachlese wäre freilich auf der Spur der Herren aus Paris zu halten. Wir trafen da beschädigte Wagen und solche, die in Brand aufgingen, abgestürzte Fahrer, Carambolagen allzu eifriger Renner u. dgl. mehr. In Brugg soll ein Mann, der auf einem Wagen eine eiserne Kasse transportierte, als er einem Automobil ausweichen wollte, von der vom Wagen rutschenden Kasse zu Tode gedrückt worden sein. Die in der Schweiz für die Renner auf 30 km per Stunde gestattete Geschwindigkeit wurde keineswegs innegehalten. ‚Holt uns!‘ dachten sie und fort gings über alle polizeilichen Bestimmungen hinweg, wie der Blitz. Nur in St. Gallen legte man den wilden Jägern ein wenig den Radschuh ein, indem auf polizeiliche Anordnung ein Velozipedist den Wagen in der erlaubten Geschwindigkeit voran zu fahren und der aufgestellten Verordnung Nachdruck zu geben hatte.» Geschwindigkeits-Exzesse und wie sich die St. Galler dagegen wehrten

Der Redaktor des «Zürcher Taschenbuchs» muß ähnlich gedacht haben, als er in der «Chronik auf das Jahr 1902» schrieb: «Die Teilnehmer der Automobilwettfahrt Paris–Wien, die die Schweiz in gewöhnlichem Reisetempo zu durchfahren Automobilrennen Paris–Wien 1902. Aufnahme der «Zürcher Chronik» vom Rastplatz in der Hardau

Martin Fischer war mit dem «Turicum» einer der bedeutendsten Automobilkonstrukteure. Sein Geldgeber war Dr. Adolf Hommel, der ein blutbildendes Präparat auswertete und die prachtvollste Villa am Parkring besaß

Fortschritt und Technik

Automobil-Raserei.

Verordnung vom 16. Februar 1903, die in Fettschrift in allen Zeitungen stehen und jedem Bürger bekannt sein sollte. Wir führen hier einige Bestimmungen an:

Art. 9. Der Führer eines Motorwagens soll beständig seine Fahrgeschwindigkeit beherrschen; er hat den Gang jedesmal zu verlangsamen oder anzuhalten, wenn das Fahrzeug Anlaß zu einem Unfall oder zu einem Verkehrshemmnis bieten könnte, oder wenn Reit-, Zug- oder Lasttiere oder Viehherden Scheu zeigen. Beim Durchfahren von Städten, Dörfern oder Weilern,

„Turicum" Type D₁
Viercylinder-Motor 8/18 HP

Chassis	Fr. 5900.—	Mk. 4700.—
Karosserie Zweisitzer (m. Kotflügeln u. Trittbrettern)	„ 770.—	„ 625.—
Pneus Continental 700 × 85	„ 430.—	„ 350.—
Summa	Fr. 7100.—	Mk. 5675.—

„Turicum" Type D₂
Sportstype 8/18 HP

Chassis	Fr. 5900.—	Mk. 4700.—
Karosserie (mit Kotflügeln und Trittbrettern)	„ 970.—	„ 775.—
Pneus Continental 700 × 85	„ 430.—	„ 350.—
Summa	Fr. 7300.—	Mk. 5825.—

sowie auf den Bergstraßen, welche dem Motorverkehr geöffnet sind, darf die Geschwindigkeit unter keinen Umständen zehn Kilometer in der Stunde, also

die Geschwindigkeit eines Pferdes im Trabe,

überschreiten. Auf Brücken, in Durchfahrten, engen Straßen, Kehren .... soll diese Geschwindigkeit auf

diejenige eines Pferdes im Schritt,

d. h. auf sechs Kilometer herabgesetzt werden. Niemals darf die Geschwindigkeit,

selbst im flachen Lande,

dreißig Kilometer in der Stunde überschreiten.

Marcel Renault als Sieger des Rennens Paris–Wien, 1902

Beim Korso des Schweiz. Radfahrerbundesfestes.

— Seit einiger Zeit werden von einer Berliner Firma, welche sich „Deutsche Elliot-Fahrradgesellschaft" nennt, auf hiesigem Platze erstklassige Velos im Werte von 137 Mark für 7 Mark offeriert, wenn noch vier Gutscheine zu je 7 Mark an Bekannte abgesetzt werden, die dann ihrerseits wieder Coupons verkaufen sollen. Es wird nun von der Stadtpolizei darauf aufmerksam gemacht, daß der Handel mit solchen Coupons, ähnlich den „Gella-Coupons", verboten ist und daß bei Nichterfüllung des Vertrages von seiten der Firma dieselbe nicht belangt werden kann.

— In Oberstraß besucht laut „Züricher Post" eine Hebamme ihre entfernter wohnenden „Kunden" per Velo. In dringenden Fällen ist diese Beförderung zweifellos von großem Nutzen.

Luftschifffahrt.

Turnplatz der Kantonsschule.

-12630-

Sonntag den 2. August 1891

bei günstiger Witterung II. Auffahrt des berühmten Luftschiffers

Capitaine E. SPELTERINI

Membre de l'Académie d'Aérostation Météorologique de France

mit seinem Riesenballon

„URANIA"

Grösster bestehender Ballon, fasst 1500 Cubikmeter Gas, ist 16 Meter hoch und 14 Meter breit.

Kapitän Spelterini hat, ohne je einen Unfall gehabt zu haben, bereits 316 Fahrten mit 604 Personen ausgeführt. — In seiner Gondel kann er 4—5 Reisende mitnehmen.

Herren, die die Luftfahrt mitzumachen wünschen, können sich bis Freitag den 31. Juli, Nachmittags 2 Uhr, im offiz. Verkehrsbureau, Börse, einschreiben, wo auch Auskunft über Preis und Bedingungen ertheilt wird.

Kassaeröffnung: Von 2 Uhr Nachmittags an.

Eingang durch das Portal am Heimplatz.

Preise:

1. Platz (Sitzplätze) 2 Fr., II. Platz 1 Fr., III. Platz 50 Cts.

Konzert der Theater-Kapelle v. Pfauentheater.

Bierausschank unter den Baumgruppen.

Abfahrt des Ballon punkt 5 Uhr Abends.

Am Start zum Gordo
Bennett-Wettfliegen ir
Oktober 1909 in Schli

Der amerikanische Briefschalter im neuen Postgebäude in Zürich.

haben, passieren am 27. Juni Zürich unter Mißachtung der polizeilichen Tempovorschriften.»

Wie schon der Berichterstatter des Tagblattes antönte, stand die Bezeichnung «Automobil» damals noch nicht endgültig fest. Otto Julius Bierbaum schrieb im gleichen Jahr in seinem Buch «Eine empfindsame Reise im Automobil»: «Ler-ne reisen, ohne zu rasen! heißt mein Spruch, und darum nenne ich das Automobil lieber Laufwagen. Denn es soll nach meinem Sinn kein Rasewagen sein. Ich unterschätze die Bedeutung des Automobilsports keineswegs, schlage sie vielmehr hoch an und lasse mich darin auch durch die Auswüchse des Rennwagens nicht irre machen.»

Die im April 1898 eingerichtete, von Emil Schmid-Kerez erbaute neue Post (heute Fraumünsterpost) am Stadthausquai

Eine kleine Zürcher Autologie
Oder: Bereift sein ist alles!

Pioniere ...

Der Schweizer Autopionier Unumstrittener Schweizer Autopionier war der Zürcher Ingenieur Albert Schmid, dessen Werkstätten sich im Gebiet des heutigen Hallenbades befanden. Seine erste bedeutende Erfindung war der 1870 entwickelte «Schmidsche Wassermotor», eine kleine Turbine, die man zur Krafterzeugung an jede Haushalt-Wasserleitung anschließen konnte. Zum Stadtgespräch wurde Schmid, als er auf seinem eigens konstruierten «Automobil» 1878 an die Pariser Weltausstellung fuhr. Es war ein dreirädriges, leicht lenkbares Dampflokomobil, das auch als Feuerspritze verwendet werden konnte. «Die bedeutende Kraftleistung, die außerordentliche Lenkbarkeit und das große Steigvermögen», schrieb die Zürcher Wochen-Chronik, «gaben dieser Maschine den Charakter eines Vorläufers des heutigen Automobils mehr als irgend eine andere frühere Konstruktion oder Entwicklung.»

Die ersten Autler Zu den ersten «Autlern» in unserer Stadt gehörten der Zigarrenhändler am Paradeplatz Carl Julius Schmid und Oberst Nabholz, dessen Junior 1902 mit seinem Vehikel sogar den Uetliberg bezwang. Der Papeterist Fritz Clostermeyer war Inhaber des kantonalen Fahrausweises Nr. 84. Er enthielt ein Beiblatt mit zehn Geboten, denen wir folgende Kostproben entnehmen:

Fährst ruhig und verständig du,
Läßt dich die Polizei in Ruh;
Das Publikum wird dich beloben,
Und gegen dich wird keiner toben.

Am Werktag und auf off'ner Straß'
Sind 40 Kilometer 's Maß.
Nur 25 sind's am Sonntag,
Bist du pressiert, so fahr' am Montag.

Wer nie mit offnem Auspuff fährt,
Mit den Passanten nett verkehrt,
Wird manches Ärgernis vermeiden,
So mag das Volk den Sport wohl leiden.

... Konstruktionen und Konstrukteure

«Excelsior», eine sehr gepflegte Ausführung «Excelsior» hießen die 6-PS-Zweisitzer «von sehr gepflegter Ausführung», die der Zürcher Ingenieur R. Egg um die Jahrhundertwende «lancierte». 1906 ließ er ihnen leistungsfähigere Vierzylinder folgen. Schon 1893, als in Europa erst einige Dutzend «Wagen ohne Pferde» kursierten, hatte der junge Ingenieur auf eigene Rechnung und zu seinem Vergnügen einen Wagen mit Petroleumgasmotor gebaut.

«Orion» mit dem ersten Unterflurmotor «Orion» nannten A. Zürcher und J. Huber die von ihnen in Zürich-Hottingen gebauten Motorkutschen. 1900 wurde die Orion-Automobilfabrik gegründet und 1904 an die Hardturmstraße verlegt. 1900 entstanden auch schon die ersten Lastwagen mit Unterflurmotor. Diese damals sensationelle Bauart wurde beibehalten, bis die Fabrik in eine Automobil-Reparaturwerkstätte umgewandelt wurde.

«Ajax» mit sympathischen Details «Ajax» hießen die von der Lastwagen-Firma «Berna» 1906 bis 1910 in Zürich gebauten Personenwagen. Als das Ankurbeln noch zur hohen Schule des sportlichen Automobilisten zählte, wiesen die «Ajax» schon von 1907 an eine sympathische Neuerung auf: das Besteigen des Trittbrettes genügte, um den Motor in Betrieb zu setzen!

«Millot» hat zuviel Luxus «Millot», die von Eugen Kaufmann 1906 in Zürich geschaffene Marke, war das Luxuriöseste, was man sich denken konnte. Ein «Millot» besaß eine auf Kugellager laufende Kurbelwelle,

Kettenantrieb mit vom Führersitz aus zu bedienender Spannungsregelung, eine luftgekühlte Differentialbremse und einen automatischen Anlasser. So reizvoll diese Luxuswagen auch waren, für 30 000 Franken fanden sie so wenige Käufer, daß die Fabrik wieder geschlossen werden mußte.

«Turicum», die Zürcher Weltmarke «Turicum»-Autos gehörten zu den bedeutendsten Marken Europas. Ihr Konstrukteur Martin Fischer hatte um 1900 die Magneta-Uhr erfunden, die auf elektromagnetischem Wege beliebig viele Nebenuhren steuerte. 1904 ließ er sich aus Berlin ein Motorrad mit Magnetzündung kommen, das er in ein vierrädriges «Volksautomobil» mit Fußlenkung umbaute und «Turicum» nannte. Der Lokalberichterstatter der NZZ schrieb darüber: «Die Größenverhältnisse des Wagens sind sehr gering, was ermöglicht, das Vehikel durch jede Türöffnung und selbst über Treppen zu transportieren, um es im Korridor an einem bescheidenen Aufbewahrungsplätzchen zu versorgen.» Fischers erste Werkstatt befand sich an der Plattenstraße, 1906 wurde sie nach der Burgwies und 1907 nach Niederuster verlegt. In der Brunau gründete Martin Fischer 1908 die «Fischer Wagen A.G. Zürich» und baute zuerst Autos mit Friktionsgetriebe. Dann stellte er auf das «Fischer Innenzahn-Getriebe» um, das sich durch einen sehr ruhigen Lauf auszeichnete. Weitere Neuerungen Fischers waren ein ventilloser, benzinsparender Motor mit Gleitschiebern und die erstmals angewandte Kraftübertragung über Kardanwelle und Differential. Zu Beginn des Ersten Weltkrieges zwangen Absatzschwierigkeiten die weitgehend exportorientierte «Fischerwagen A.G.», ihre Tore leider zu schließen.

Es ist erreicht!
Oder: Wird die Menschheit den Fortschritt überstehen?

Die Technik als moralische Kraft

«Das Auto ist eine große moralische Kraft, weil es die Pferdediebe aus der Welt schafft», erklärte ein Amerikaner zu Beginn des «pferdelosen Jahrhunderts», und etwas von dieser Logik prägte das ganze Denken der damaligen Zeit. Im technischen Fortschritt erblickte man die Überwindung der Urkräfte durch den menschlichen Genius. Rousseaus «Zurück zur Natur», die bewegende Idee des 18. Jahrhunderts, galt als schöne, aber weltfremde Romantik. Der wissenschaftliche Geist war es, der fleißige Maschinen erfand, gewaltige Fabriken baute und den bisher mit der Scholle verhafteten Menschen äußerlich freier und wohlhabender machte.

«Der Mensch hat sich das Leben bequemer gemacht, er will es noch schöner gestalten und in vollen Zügen genießen. Wenn auch noch nicht alles gut ist in dieser Beziehung, und wenn die Arbeiterschaft mit vollem Recht um einen besseren Platz an der Sonne ringt, so ist doch ein gewisser Wohlstand in Nahrung und Wohnung viel mehr verbreitet als früher; ein stetiges Übertreten des Proletariats in die Klasse der Bevorzugten findet unaufhaltsam statt. Die Aristokraten verlieren immer mehr an Bedeutung; eine gesunde Gleichheit und Freiheit scheinen sich, wenn auch langsam anzubahnen», schrieb das 1906 in Zürich erscheinende Schweizerische Jahrbuch. Nach einer den äußeren Fortschritt und den schönen Schein würdigenden Einleitung kam der Autor aber alsgemach auf des Pudels Kern zu sprechen: «In einer Weltausstellung bemächtigt sich unser ein Gefühl der Bewunderung, ja des Stolzes, wenn wir die Frucht der menschlichen Arbeit in Hülle und Fülle vor uns liegen sehen, von den Rohprodukten, welche der arme Bergknappe zutage fördert, bis zu den vollendetsten Kunstwerken des geistigen Arbeiters. In die immer kolossaler werdenden Maschinenhallen und Industriepaläste treten wir mit Gemütsbewegung ein; respektvoll zog ich einmal, beim Betreten eines solchen Raumes, den Hut ab, wie in einem geheiligten Gebäude, so erhebend kam mir der Gedanke des ewigen, titanischen Kampfes des kleinen Menschen gegen die rohen Naturkräfte vor.

Der Fortschritt ist heilig...

Aber, o weh; hart daneben vernehmen wir das Gekreische des Tingeltangels, des sittenverderbenden Theaters, das Gejohle des zerstreuungslustigen Publikums. Mit dem oft geschmacklosen Luxus der oberen Zehntausend kontrastiert kaum das Aufgeputztsein der zahllosen Dirnen; sie leben in der gleichen seelischen Armut. Scharf aber sticht das Elend der darbenden Menge ab, deren neidische Blicke den inneren Groll verraten. Der Gedanke an eine große schaurige Umwälzung fährt uns durch den Kopf, und wie zur Zeit der französischen Revolution könnten wir sagen: Wir tanzen auf einem Vulkan.

...aber die Menschen leben in seelischer Armut

Das Häßlichste tritt uns mit dem Schönsten bei diesen Festen der Industrie und des Handels entgegen; ja das Schlechte überragt so sehr das Schöne, daß der Denker die im Festschmuck prangende Großstadt verlassen und sich in stiller Andacht auf das Land zurückziehen möchte.

Keiner entgeht den Folgen einer verfeinerten und zu sehr zu egoistischen Zwecken arbeitenden Kultur. Nicht die immer bequemeren Verkehrsmittel, die uns Zeit ersparen, die Arbeit erleichtern, sind schuld an unserem hastigen, nervenzerrüttenden Leben, sondern die zunehmende Genußsucht, die fieberhafte Gedankentätigkeit in diesem Kampfe ums Dasein. Nicht der Telegraph, das Telephon machen den Börsenmann nervenkrank, sondern seine Begierde, immer

Der Streß beginnt

mehr zu verdienen, seine seelische Unruhe, wenn ihm seine Operationen nicht nach Wunsch gelingen; nicht die sitzende Lebensweise und die Überbürdung bringen den Gelehrten zur Modekrankheit der Neurasthenie, sondern sein Mangel an ethischem Ideal, sein Strebergeist, sein Ehrgeiz.»

Ähnliche Vorbehalte gegen die Befreiung des Menschen durch die Technik machte ein Deutscher, der 1910 nach einer Schweizer Reise erklärte: «Jede neue Zahnrad- und Drahtseilbahn, jede Unterkunftshütte und jedes in Gletschernähe prunkende Hotel, jeder Tunneldurchstich und jedes Telephon in unwirtlicher Lage unterwühlt die natürliche Erhabenheit des Gebirges und drückt auf die Emotion.

Der hohe Aussichtspunkt, auf dem zwischen Frühkonzert und Five o'clock telephoniert wird, liegt ästhetisch genommen schon im Niveau des Meeresspiegels. Das Schreckhorn bewältigen hat keinen rechten Sinn mehr, wenn nahebei die Jungfrau sich dem eiligen Touristen fahrplanmäßig anbietet. Der rüstige Naturfreund, der auf dem alten Fußpfade neben den Bergbahnen einherzieht, kommt nicht mehr zum Hochgefühl der Wanderlust. Der Gedanke, daß er seine Zeit verliert, die Sohlen zerreißt und dafür zehn Franken Fahrgeld spart, steht im Vordergrunde. Heut tragen die Kulturnationen in unabsehbarem Touristenstrom 300 Millionen Franken jährlich nach der Schweiz. Aber der emotionelle Gegenwert, den sie heimbringen, ist wahrscheinlich sehr viel geringer als zur Zeit der ersten Niederwerfung des Matterhorns.»

Mehr und mehr wurde es einzelnen bewußt, daß die erworbenen Freiheiten an die Mittel dieser Befreiung verlorengehen könnten. Ein typisches Beispiel der Furcht vor der sich selbständig machenden Technik war die ursprüngliche Ablehnung des Autos bei der großen Masse. Verdammenswürdige Satansmaschine, infernalisches Vehikel, perfektes Mordwerkzeug wurde es in der Presse genannt und als gemeingefährlich erklärt. Autobesitzer waren modernes Ungeziefer, menschenjagende Sportfexen von eisiger Herzens-

kälte, und Chauffeure wurden kurzum als «gescheiterte Existenzen der bürgerlichen Berufe» gebrandmarkt.

Damals wurde in «Großzürich» der Ruf nach einer stärkeren Polizei laut, was in unserer Stadt ein Novum war. 1912 schrieb Dr. Conrad Escher, einst Hauptinitiant der Stadtvereinigung: «Die Handhabung der Sicherheits- und Straßenpolizei läßt in der Stadt herum viel zu wünschen übrig. Bei Nacht sind die Bürger oft zu wenig vor Raubüberfällen gesichert. Die Handhabung der vielen Polizeiverordnungen sollte strammer sein. Und mit Bezug auf die Kriminalpolizei ist es in der Tat nicht gut bestellt; denn es kommt doch wirklich noch zu oft vor, daß bei Verbrechen der schwersten Art die Täter nicht ermittelt, ja nicht einmal Spuren von denselben entdeckt werden können.»

Zweifellos entsprang der Ruf nach einer «strammeren» Polizei nicht der Freude an Uniformen, sondern einem mit dem Wohlstand zunehmenden Sekuritätsanspruch. Der Bürger fühlte sich im übrigen recht frei; er urteilte nach dem gesunden Menschenverstand, war sich seiner Bedeutung und Verantwortung als nützliches Glied der Gesellschaft bewußt und ließ sich weder vor den Kopf stoßen noch zu Kopflosigkeiten hinreißen.

Als der deutsche Kaiser Wilhelm II., der «Fürst der größten Militärmacht der Welt», dessen Stammschloß beim Bau des Landesmuseums als Vorbild gedient hatte, auf seinen wiederholt geäußerten Wunsch, einmal schweizerischen Manövern beiwohnen zu können, vom Bundesrat endlich in die Schweiz eingeladen wurde, «verschaffte dies der Stadt Zürich das Vergnügen einiger belebter Kaisertage». Die Begeisterung bei der Bevölkerung war groß. Wo sie nicht der Sympathie des Monarchen galt, freute man sich über die unerwarteten Festtage und das glanzvolle Ereignis, das den schaulustigen Zürchern beschert wurde. Vergessen wir nicht, wie stark sich das geistige und wirtschaftliche Zürich damals mit Deutschland verbunden fühlte. An der Universität hatten lange Zeit nur deutsche Pro-

145

fessoren gelehrt, Gottfried Keller und C.F. Meyer hatten ihre Werke bei deutschen Verlegern untergebracht, mancher Zürcher Akademiker blickte mit Freude auf seine ungebundene Studentenzeit in Heidelberg zurück, und viele heute bedeutende Zürcher Unternehmen waren im 19. Jahrhundert von Deutschen gegründet worden. Daß Wilhelm II. 1895 dem Zaren in einem vertraulichen Brief geschrieben hatte, die Republikaner seien Leute, die erschossen oder gehenkt werden müssen, war damals noch nicht öffentlich bekannt, und als der «Friedensfürst» in einer Rede erklärte: «Ohne Weltmacht zu sein, ist man eine Jammerfigur!» rechnete man das dem üblichen Pathos zu, das auch hierzulande gelegentlich über die Hutschnur ging. Sicher war Wilhelm nicht der Schlechteste seines Geschlechtes, ja gerade seinem forschen Draufgängertum, einem Charakterzug aller Erfolgreichen der Industrialisierungszeit, wurde viel Verständnis entgegengebracht.

Für die Hohenzollerntage war Zürich selbstverständlich beflaggt, am Abend gab es auf dem See einen venezianischen Lichtercorso, und für die Zürcher, «die höfisches Wesen nur aus Büchern und Sechseläutenumzügen kannten, war es im höchsten Grade interessant und unterhaltend, einmal ein Stück aus dem Leben eines wirklichen kaiserlichen Hofstaates sich abspielen zu sehen». – «Als der Kaiser mit dem Schweizer Bundespräsidenten auf seinem Besuch in Zürich war», schrieb später der Maler Karl Hügin, «stand ich am Bürkliplatz, entschlossen, meinen Hut nicht abzuziehen. Mehr und mehr schwoll der Begrüßungslärm von der Bahnhofstraße her zu mir, und mein Hut kam doch vom Kopfe. Ich sagte mir: du hast es schließlich für Bundespräsident Forrer getan.»

Die Presse schrieb betont herzlich, und J.C. Heer, der als ehemaliger literarischer Leiter der «Gartenlaube» vom Kaiser einmal mit einem Porträt beschenkt worden war, ließ sich sogar zu einem Willkommensgedicht hinreißen. Im übrigen verlief der Besuch Wilhelms so, wie Graf von Waldersee einmal über seinen Kaiser geschrieben hatte: «Er besitzt eine bezaubernde Liebens-

würdigkeit und gewinnt die Herzen überall, wo er hinkommt und nicht lange bleibt.»

Als im folgenden Jahre ein gewisser Benito Mussolini, Direktor des Mailänder «Avanti», am 1. Mai die italienische Festrede hielt, war selbst das «Volksrecht» nicht imstande, in seinem Bericht über die Arbeiterfeier den Namen des Referenten richtig wiederzugeben.

Bezeichnend war auch die Haltung der Zürcher Lenin gegenüber, der im Winter 1916/17 an der Spiegelgasse wohnte und hier auf eine Gelegenheit wartete, um in die Geschichte Rußlands einzugreifen. Seine Frau schrieb wenige Jahre später darüber: «Leider waren die Schweizer Sozialisten wenig revolutionär. Wladimir Iljitsch (Lenin) versuchte eine Zeitlang die Arbeit in internationalem Maßstab in Gang zu bringen. Man begann, sich in dem kleinen Kaffee ‚Zum Adler‘ in einem nahe gelegenen Gäßchen zu versammeln. Einige russische und polnische Bolschewiki und Schweizer Sozialisten. Zur ersten Versammlung kamen im ganzen an 40 Leute. Iljitsch legte seinen Standpunkt gegenüber dem Kriege dar und unterbreitete ein Aktionsprogramm. Das westliche Publikum war, obwohl sich lauter Internationalisten eingefunden hatten, überrascht und verwirrt durch Iljitschs Entschiedenheit. Ich erinnere mich der Rede eines Vertreters der Schweizer Jugend, der darüber sprach, ‚man könne doch nicht mit den Kopf durch die Wand‘. Jedenfalls unsere Versammlungen wurden immer kleiner und zur vierten Sitzung erschienen nur noch die Russen und Polen, die ohnehin Bolschewiki waren.

Noch einer anderen Szene aus einer etwas späteren Zeit entsinne ich mich. Einst waren wir in einen anderen, eleganteren Stadtteil Zürichs gekommen und trafen plötzlich auf Ernst Nobs, den Redakteur der Zürcher sozialistischen Zeitung (und späteren Bundesrat), der sich damals als ‚Linker‘ trug. Als Nobs Iljitsch erblickte, eilte er fort, als wolle er in die Elektrische steigen. Iljitsch aber kriegte ihn doch noch zu fassen und, ihn fest an einem Knopf packend, begann er, jenem seinen Standpunkt über die

Seenachtfest Zürich.

Damit die Stadtbeleuchtung am Seenachtfest am 4. September, anläßlich der Rundfahrt des Deutschen Kaisers auf dem Zürichsee eine möglichst effektvolle werde, ergeht an alle Besitzer oder Bewohner der vom See aus sichtbaren Häuser die Bitte, dieselben punkt 8½ Uhr abends, bei Aufstieg der Signalbombe von den Feuerwerkschiffen auf dem See, zu beleuchten.

Bengalflammen, ca. 5 Minuten brennend, können zum Selbstkostenpreise von Fr. 3.— pro Stück beim Offiziellen Verkehrsbureau, Stadthausquai 1, bezogen werden, wo auch gerne weitere Auskunft für das Abbrennen der Flammen erteilt wird.

-14924*   Die Offizielle Verkehrskommission Zürich.

Kaiserbesuch.

Im „Athenaeum" Bahnhofstr. 39 sind noch einige gutgeleg. Fenster z. Verfügung.   -15289*
Auskunft daselbst.

Auszug aus dem Protokolle des Stadtrates von Zürich
vom 7. September 1912.

1323. Der deutsche Kaiser hat am Mittag des 6. September die Stadt Zürich wieder verlassen, in der er seit dem Abend des 3. September als Gast geweilt hatte. Nach dem Berichte des Polizeivorstandes war sein Aufenthalt in Zürich nicht von der geringsten Sicherheitsstörung begleitet. Die dem Gaste gewordene Aufnahme war eine durchwegs freundliche, sympathische; am Verhalten der Bevölkerung habe ihn nichts unangenehm berühren können. Die einzige Verhaftung, die über diese Tage erfolgt sei, habe einen deutschen Bäckergesellen betroffen, der glaubte, pfeifen zu sollen, als der Bundespräsident am Dienstag die Bahnhofstraße abwärts zum Empfang des Kaisers nach dem Bahnhof fuhr.

Vom Berichte des Polizeivorstandes wird Vormerk genommen.

Mitteilung an den Polizeivorstand.

Für getreuen Auszug
der I. Substitut des Stadtschreibers

Arbeiter-Weltfeiertag
1. MAI 1913

8 Stunden Arbeit!   8 Stunden Erholung!   8 Stunden Schlaf!

Programm:

6 Uhr: **Tagwacht** in allen Stadtkreisen.

9 Uhr: **Beginn** der von den Vereinen angesetzten Versammlungen im Volkshause und den übrigen Lokalen.

Die italienischen Genossen im „Velodrom". Referent Gen. **Mussolini**, Mailand. An diesen Versammlungen wirken, soweit möglich, Musiken mit.

Herbei Zum 1. Mai Herbei
Nachmittags-Feier

1 Uhr Abmarsch der Vereine von ihren Lokalen zum Aufstellungsplatz. Aufstellung der Radfahrer, Kinder und Arbeiterinnen am Utoquai, Gewerkschaften am Utoquai, Stadthausquai und Fraumünsterstraße, Politische Vereine Fraumünsterstraße.

DEMONSTRATIONSZUG

1.30 Uhr präzis: Abmarsch nach dem Festplatz (Wiedikoner Allmend).

Festredner: Gen. **F. Studer**, Nat.-Rat, Winterthur **deutsch**
Gen. **B. Mussolini**, Direktor des „Avanti" Mailand **italien.**

KONZERT von Musikkappellen und Gesangvereinen ⬧⬧ Kinderspiele etc.

Benito Mussolini spricht am 1. Mai 1913 zu den italienischen Genossen in der 1912 eröffneten Rennbahn Oerlikon

Bolschewiki

Kasperli-Theater

**Große Gala-Gaſt-Vorſtellungen
in der Schweiz**

Zürich – Baſel – Bern

Unmittelbar nach abſolviertem Engagement in Petersburg

Hauptagierende:

Lenin   Trotzki

Impreſario:

Platten, Holzmann, Traber & Co.

Karikatur aus dem
«Nebelspalter» kurze
Zeit vor dem General-
streik 1918

KUNSTSALON WOLFSBERG
BEDERST. 109 / ZÜRICH 2

KRIEGSBILDER AUSSTELLUNG
WERKE VON MITGLIEDERN DES
K.U.K. ÖSTERREICH. UND UNGAR.
KRIEGSPRESSEQUARTIERS
MAI–JUNI–1916

Porträtmaler

[Spezialist] durch den Krieg in bedrängter Lage, übernimmt Aufträge, auch nach Photographien, in Öl u. Pastell. – Sehr mässige Preise. – Beste Referenzen aus ersten Kreisen. Offerten u. Chiffre OF 7077 an Orell Füssli-Annoncen, Zürich.

Für Trauer

Confection u. Hüte
Handschuhe
Gebr. Loeb, Zürich

Der Zug der Zeit.

Kaufe auf Kredit!

Oberst Sonderegger

Die Schweizer Wehr für Zürichs Ehr'.

An die Einwohnerschaft der Stadt Zürich.

Unsere Truppen sind mit Handgranaten ausgerüstet. Sie haben Befehl sie zu gebrauchen, wenn aus Fenstern und Kellerlöchern geschossen wird. Die Truppe weiss, dass auf blosse Vermutung hin, dass aus einem Fenster geschossen worden sei, keine Handgranate verwendet werden darf. Wo aber einwandfrei feststeht, dass aus Häusern geschossen worden ist, wird das Handgranatenwerfen zur befohlenen Pflicht.

Zürich, 11. November 1918.

Kommando der Ordnungstruppen für Zürich:

Oberstdivisionär Sonderegger.

Generalstreik 1918. Auf dem Münsterplatz fielen Schüsse. An der Bahnhofstraße, dem Treffpunkt der Schieber und Spione, wurden besondere Sicherheitsmaßnahmen getroffen

---

Aufruf des Zürcher Regierungsrates.
An die Bevölkerung des Kantons Zürich!

In schwerer Stunde richtet der Regierungsrat ein ernstes Wort an die zürcherische Bevölkerung. Zwar geht der schreckliche Krieg, der jahrelang uns umtobte und unnennbares Leid schuf, seinem Ende entgegen. Aber in seinem Gefolge schreiten noch immer Verwirrung und Unglück. Grosse Reiche zerfallen, Völker lösen die Bande langjähriger, gegenseitiger Freundschaft, unsicher schwankt vor unsern Blicken das Bild der nächsten Zukunft. Mit seinen ärgsten Schrecken hat uns der Krieg verschont. Wenn er uns auch Not und Sorge nicht ersparte, konnten wir doch von sicherer Warte aus dem brausenden Sturm des Hasses und der Zerstörung an uns vorüberziehen sehen. Die Freiheit war uns Schild und Wehr. In unserer Staatseinrichtung besitzen wir der Mittel genug, den Forderungen einer neuen Zeit auf friedlichem Wege gerecht zu werden. Die Mehrheit der Bürger schafft Verfassung und Gesetz, wählt Regierung und Gericht in kurzen Zwischenzeiten. Auflehnung gegen den Willen der Mehrheit ist Verbrechen gegen den Staat. Leider gibt es auch in unserm Lande Bevölkerungskreise, die der staatlichen Ordnung, die Ihr Euch gegeben habt, widerstreben. Die Unruhe, die Not der Zeit, das Eindringen ungebetener Gäste hat ihre Zahl vermehrt und viele zur Beute von Aufregung und Leidenschaft werden lassen. Ihr habt den Behörden in reichem Masse die Mittel gegeben, vorhandene Not zu lindern, drohende Not zu beschwören. Dennoch wird die Flamme der Unzufriedenheit geschürt, wird gewaltsamer Umsturz erstrebt. Eine Minderheit will die Mehrheit beherrschen. Drohungen sollen Behörden und Bürger schrecken, Zerstörung öffentlicher Gebäude das Zeichen zum Aufruhr geben. Wachsamkeit ist vonnöten. Die Freiheit und die staatliche Ordnung sind zu schützen. Die gegenwärtige Lage der Nachbarstaaten und des eigenen Landes hat den Regierungsrat veranlasst, beim Bundesrat das Aufgebot bewaffneter Macht zu erwirken, um jeden Versuch gewaltsamer Störung des Friedens und der öffentlichen Sicherheit zu verhindern.

Der Regierungsrat bedauert in hohem Masse, zu diesem ausserordentlichen Schritte gezwungen worden zu sein. Die Massregel richtet sich nicht gegen die Arbeiterschaft und ihre Organisationen, sondern nur gegen die Kreise, die sich ausser Verfassung und Gesetz stellen. Der Regierungsrat darf deshalb erwarten, dass die grosse Mehrheit der Bevölkerung sich um ihn schare, um mit ihm den Frieden, die von den Zeitverhältnissen geforderte soziale Entwicklung und den Bestand unseres Staates zu sichern. Möge ein gütiges Geschick unser Land und Volk über Not und Gefahr hinweg einer glücklichen Zukunft entgegenführen!

Zürich, den 8. November 1918.

Im Namen des Regierungsrates,
Der Präsident: Dr. G. Keller.
Der Staatsschreiber: Paul Keller.

Eisenbahner! Staatsangestellte!

An euch wird man das Ansinnen richten, Streikarbeit zu leisten. Man wird euch der Zwangsmobilisation unterstellen. Weigert euch, zu Schädlingen an den eigenen Interessen zu werden. Beantwortet die Mobilisation mit der Weigerung zur Verrichtung von Streikarbeit. Eure Entschlossenheit vermag den Kampf abzukürzen, von eurem Verhalten wird der Ausgang des Landstreiks bestimmt.

Die Arbeiterorganisationen fordern wir auf, für eine ernste und würdige Durchführung des Streiks zu sorgen. Von den Buchdruckern erwarten wir, daß sie sich weigern, bürgerliche Blätter erscheinen zu lassen. Sie werden es unterlassen, Nachrichten zu drucken, die gegen unsere Volksbewegung gerichtet sind.

Zur Sicherstellung der Ernährung sind von den lokalen Arbeiterorganisationen Massnahmen unter behördlicher Mithilfe in die Wege zu leiten. Keine Requisition von Lebensmitteln, wohl aber gemeinsamer Einkauf durch Gemeinden und Organisationen. Jeder stehe dem andern bei, niemand verweigere die werktätige Hilfe.

Während der Dauer des Streiks ist jeglicher Alkoholgenuss zu unterlassen. Das Offenhalten der Wirtschaften und Ladengeschäfte ist nach den Weisungen der örtlichen Organisationen durchzuführen. Wer ihren Beschlüssen zuwiderhandelt, schädigt die eigene Sache.

Und nun entschlossen vorwärts! Weist jede Provokation, von welcher Seite sie komme, entschieden zurück. Organisiert und geschlossen muss der Streik durchgeführt werden. Der Anarchie, dem Putschismus, verhängnisvollen Sonderaktionen setzen wir die organisierte Massenaktion entgegen. In ihrem Zeichen wollen wir kämpfend siegen oder sterbend untergehen,

Hoch die Solidarität!
Es lebe die neue Zeit!

Bern, 11. November 1918.

Das Oltener Aktionskomitee:
Mitglieder: Allgöwer, Düby, Dürr, Graber, Grimm, Huggler, Ilg, Kaufmann, Schneider, Schürch, Dr. Woker.

Geschäftsleitung der sozialdem. Partei der Schweiz:
Mitglieder: Rosa Bloch, Fähndrich, Greulich, Gschwend, Klöti, Nobs, Pflüger, Platten, Reithaar, Agnes Robmann.

Bundeskomitee des schweiz. Gewerkschaftsbundes:
Mitglieder: Dürr, Eugster, Greuter, Leuenberger, Rieber, Ryser, Schifferstein, Schneeberger.

Sozialdemokratische Nationalratsfraktion:
Mitglieder: Dr. Affolter, Brand, Düby, Eugster-Züst, Frei, Graber, Greulich, Grimm, Grospierre, Huggler, Ilg, Müller, Naine, Platten, Rimathé, Ryser, Schmid, Schneeberger, Dr. Studer.

Der Dadaismus war der
Protest einiger in Zürich
im Exil lebender Künst-
ler gegen den Unsinn
eines Weltkrieges im
20. Jahrhundert. Dada-
Plakat von Marcel Janco,
1919

Unvermeidlichkeit der Weltrevolution klarzulegen. Komisch war die Figur des linken Opportunisten Nobs, der nicht wußte, wie er dem ‚wilden‘ Russen entwischen sollte, aber die Gestalt Iljitschs, der krampfhaft Nobs am Mantelknopf festhielt und ihn durch seine Propaganda überzeugen wollte, erschien mir tragisch.»

Nobs will nichts von Lenin wissen

Abgesehen etwa von «Weihrauch» um den als politischer Flüchtling nach Zürich gekommenen «gewalttätigen Wagner», wie Böcklin ihn bezeichnete, waren die Zürcher dem politischen Extremismus und dem übermäßigen Personenkult abhold. Selbst Größen wie Gottfried Keller und C.F. Meyer waren im kleinen Zürich nicht stadtbekannt. Was die ehemaligen «Limmat-Athener» dagegen auszeichnete, war ihre Vorliebe für das Technische. Als Spelterini, der Zürcher Ballonpionier, der eigentlich Richard Schweizer hieß und aus Bazenheid stammte, in Zürich mit Stadtrat Meyer und J.C. Heer zum erstenmal in seinem Aerostat aufgestiegen war, sagte er: «Ich bin entzückt von dieser Stadt. Nirgends haben die Behörden weniger versprochen als hier, nirgends haben sie mehr gehalten als in Zürich. Die Menschen hier reden wenig, aber mit ihren Taten haben sie mir eine Zuvorkommenheit erwiesen, die über alles Lob erhaben ist.»

Spelterini ist von den Zürchern und ihren Behörden entzückt

Später wohnte Capitän Spelterini, wie der NZZ-Redaktor Edwin Arnet in einer seiner Jugenderinnerungen berichtete, im Roten Schloß. Er hatte mit seinem Ballon die Jungfrau und die Montblancgruppe überflogen, war über dem ägyptischen Wüstensand dahingeschwebt und mit dem Ballon «Sirius» ins Meer gefallen. In den Stallungen des Hennebergschen Palais hatte er seine Ballonhülle, seinen Korb, seine Flaschen, Sandsäcke und messingenen Instrumente eingestellt. «Als ich ihn einmal in den dunklen Stallraum begleiten durfte», erzählte Arnet, «hatte ich den schmeichelnden Eindruck, zum erstenmal einen Menschen auf phantastischen Dingen ertappt zu haben. Später schenkte Spelterini meiner Mutter die innere Hülle des ‚Sirius‘. An dem imprägnierten braungrünen Seidenstoff haftete Witterung des Abenteuers, und als die

Mutter eines Tages aus dem scharf riechenden Textil Putzlumpen zu schneidern begann, verfolgte ich ihr Tun mit verschwiegenem Groll.»

Als im Oktober 1909 bei der Gasfabrik Schlieren das Gordon-Bennett-Wettfliegen für Freiballons, eine «internationale sportliche Veranstaltung größten Stils», durchgeführt wurde, herrschte im Limmattal «ein noch nie dagewesener Riesenverkehr». Der erste Aufstieg eines lenkbaren Luftschiffs von Schweizer Boden, des «Parseval IV», fand nicht ohne die persönliche Begleitung des Generalstabschefs Th. von Sprecher, des Bundesrats Forrer, eines Regierungsrates und einiger hoher Offiziere statt.

1.–3. Oktober 1909: Gordon-Bennett-Wettfliegen für Freiballone

Zum ersten richtigen Schaufliegen einiger Apparate «schwerer als Luft» im Oktober des folgenden Jahres im Aerodrom von Dübendorf wurde eine Tribüne für 2400 Personen errichtet. 25000 Schaulustige kamen. Ein Preis von 5000 Franken war für denjenigen ausgesetzt, der vom Flugfeld aus in ununterbrochenem Fluge das Schloß Uster umkreiste und heil nach Dübendorf zurückkehrte. Held des Tages war der junge Franzose Gérard Legagneux, der auf seiner «Libelle» durch die unbeschreibliche Kühnheit und Grazie seiner Evolutionen die Zuschauer nicht nur mit Bewunderung und Entzücken erfüllte; mit seinem Blériot-Eindecker kletterte er schließlich auf 750 Meter und umkreiste zum erstenmal Zürich, die ganze Stadt!

22.–26. Oktober 1910: Flugzeuge «schwerer als Luft» in Dübendorf

Dann starteten auch die anderen Maschinen, und schließlich wurden sogar einige mutige Zuschauer aus dem Publikum mitgenommen. Unter anderen meldete sich auch ein Herr Ogurkowski. Er war aber so dick, daß es dem Piloten nicht gelang, die Maschine vom Flugfeld zu bringen: das Flugzeug sackte in einen Wassergraben ab. Alles eilte erschrocken zum Ort der Katastrophe, aber Herr Ogurkowski hatte außer einem tüchtigen Schreck nur nasse Hosen bekommen.

Der Untergang der unsinkbaren «Titanic» am 14./15. April 1912 war einer der ersten großen Schläge, die das Gefühl der Sicherheit erschütterten. Die «Titanic», der Luxusdampfer der

14./15. April 1917: Untergang der «Titanic»

«White Star Line», war eine schwimmende Stadt, ein Schiff aus Stahl und Eisen, der Triumph der Technik über die Mächte der Natur. Auf ihrer Jungfernfahrt von England nach Amerika dabei zu sein war der letzte Schrei. 2218 Personen waren an Bord, aber die Rettungsboote hatten nur 1200 Plätze. Dies entsprach zwar den Vorschriften, aber nicht den Anforderungen.

Das Blaue Band lag schon zum Greifen nah, als der Ozeanriese um 23 Uhr 40 Schiffszeit auf einen Eisberg stieß und 2 Stunden 40 Minuten später im Eiswasser der Labradorströmung versank. Die «Carpathia», die zu Hilfe eilte, war um 4 Uhr zur Stelle und konnte noch 705 Menschen an Bord nehmen, darunter die dreiköpfige Zürcher Familie Max Fröhlicher-Stehli und den Industriellen Alfons Simonius-Blumer, Präsident des Schweizerischen Bankvereins. Von dem Auswanderer Albert Wirz aus Uster, der später tot geborgen wurde, kehrten nur noch die Uhr und die Brieftasche in die Heimat zurück. Von zwei weiteren Zürchern blieb man ohne Nachricht. Die Postdirektion entschuldigte sich für den Verlust von vier Zürcher Postsäcken.

Der Schreck wirkte noch lange nach, bis er durch neue Ereignisse etwas in den Hintergrund gedrängt wurde. In Zürich durch die Eröffnung der Rennbahn Oerlikon, durch den Generalstreik 1912, den Bau der Walchebrücke und die Einweihung der neuen Universität, an der Honoratioren von zwanzig europäischen Hochschulen teilnahmen.

Der unmögliche Krieg
und das Gebet des neuen Menschen

August 1914:
Ausbruch des Ersten
Weltkrieges

Und dann kam der große Krieg, der Weltkrieg, den man damals noch nicht den ersten nannte. Seit der Verbreitung des Dynamits in den siebziger Jahren hatte man große Kriege ihrer alleszerstörenden Schrecklichkeit wegen überhaupt für unmöglich gehalten. Zwar war schon um die Jahrhundertwende in der bei uns verbreiteten Zeitschrift «Über Land und Meer» zu lesen: «Die Einführung der Kleinkaliberwaffen in mehreren Staaten Europas legt die Frage nahe, wie sie sich in ihrer Wirkung auf den menschlichen Körper stellen wird. Die von Professor Bruns angestellten Versuche ergeben in jedem Sinne erfreuliche Tatsachen.» Und die «Gartenlaube»

Die Freude der
Kanoniere

frohlockte: «Den Kanonieren steht eine Freude bevor, es wird eine Brandkugel zusammengestellt, die an Tödlichkeit das Vorzüglichste leistet. Das Ding darf füglich ein ‚Mordpudding‘ genannt werden; es ist mit Todessplittern förmlich gespickt. Diese neue Kanonenkugel hat die Bestimmung, in eine dichte Heeresmasse geworfen zu werden. Dort platzt das greuliche Projektil und wirtschaftet wie die Pest; denn es können hunderte von Soldatenleben zugleich damit ausgelöscht werden. Krupp in Essen hat sofort die Komposition dem Erfinder abgekauft.» Aber das durfte nicht ernst genommen werden. Der «Traum vom Völkerfrieden», wie Gottfried Keller geschrieben hatte, schien in der Zeit unserer Großväter endlich Wirklichkeit geworden zu sein.

Europa erwacht aus
einem schönen Traum

Als die Schüsse von Sarajewo am 28. Juni 1914 die Völker Europas aufhorchen ließen, waren die Folgen dieses Attentats auf den österreichischen Thronfolger vorerst nicht abzusehen. Was waren die Gründe, die in wenigen Tagen zur Katastrophe führten? Chauvinismus und Machthunger, Politik als angewandter Egoismus. Die Ziele, die man auf jeder Seite verfolgte, waren

heiliges Recht, die Pläne der andern anmaßend, selbstherrlich und rücksichtslos. Es galt, «Treue, Redlichkeit und Menschenwürde zu verteidigen»; aus aufgeschreckten Bürgern wurden damals nationale Helden, aus ratlosen Müttern stolze Kriegerwitwen gemacht. Die Technik, «gewaltiges Mittel zur Befreiung des Menschen aus Armut, Not und Gefahr», feierte mit Maschinengewehren, Tanks, Stahlhelmen und Bombenflugzeugen teuflische Triumphe.

Zürich wird zum
Zentrum ausländischer
Pazifisten

Neben humanitären Leistungen bot die Schweiz vielen Flüchtigen Asyl, wobei Zürich bald zum Agitationszentrum ausländischer Pazifisten wurde. Hans Arp, ein Elsässer, schrieb in seinen «Zürcher Erinnerungen aus der Zeit des ersten Weltkrieges»: «Trotz des Krieges war jene Zeit voll seltener Reize, und in der Erinnerung scheint sie mir auch beinahe idyllisch. Damals war Zürich von einer Armee von internationalen Revolutionären, Reformatoren, Dichtern, Malern, Neutönern, Philosophen, Politikern und Friedensaposteln besetzt. Sie trafen sich vorzüglich im Café Odeon. Dort war jeder Tisch

Internationaler
Treffpunkt Café Odeon

exterritorialer Besitz einer Gruppe. Die Dadaisten hatten zwei Fenstertische inne. Ihnen gegenüber saßen die Schriftsteller Wedekind, Leonhard Frank, Werfel, Ehrenstein und ihre Freunde. In der Nachbarschaft dieser Tische hielten stets das Tänzerpaar Sacharoff in preziösen Attitüden, die Malerin Baronin Werefkin und der Maler von Jawlensky Hof. Kunterbunt steigen andere Herrschaften in meiner Erinnerung auf: die Dichterin Else Lasker-Schüler, Hardekopf, Jollos, Flake, Perottet, der Tänzer Moor, die Tänzerin Mary Wigman, Laban, der Erzvater aller Tänzer und Tänzerinnen, und der Kunsthändler Cassirer. Unbekümmert saß General Wille bei einem Gläslein Veltliner allein unter diesen schwankenden Gestalten, die ich damals beinahe täglich sah. Bei

157

einigen schwankte gegen Mitternacht der körperliche Leib, bei anderen der Geistesleib. Dieser schwankte einigen so stark, daß sie sich entschlossen, ihrem Leben ein Ende zu setzen, so zum Beispiel dem seltsamen Buchhändler Hack, der eine kleine Buchhandlung unweit der Bahnhofstraße betrieb und der als schwerer Morphinist aus dem Krieg in die Schweiz geflohen war. Sein grauenhaftes Ende ist mir unvergeßlich. Er erreichte es nur unter Zuhilfenahme der Limmat, das heißt, daß er, nachdem die stärkste Morphiumspritze sich als wirkungslos erwiesen hatte, und das Seil, mit dem er sich erhängen wollte, unter seinem Körpergewicht zerrissen war, in die Limmat sprang. – Der irische Schriftsteller Joyce, Busoni und mein Landsmann, der Elsässer René Schickele, leiteten die Geschicke der Welt lieber beim Wein, beim Champagner, in der Kronenhalle.»

Dada ist da! Einer der Klügsten und Konsequentesten war der Schriftsteller und Schauspieler Hugo Ball. Er hatte Berlin verlassen, als Deutschland noch auf allen Fronten siegte, als – wie er in einem Gedicht sagte – «die großen Tage kamen». Mit seiner Frau Emmy Hennings litt er in Zürich bittere Not, bis er in einem Variété im Niederdorf als Klavierspieler ein kärgliches Auskommen fand. Ball war stets auf der Suche nach der Wahrheit in einer verlogenen Welt. Er protestierte «gegen die erniedrigende Tatsache eines Weltkrieges im 20. Jahrhundert» und stellte schließlich die Forderung auf: «Es gilt jetzt, unangreifbare Sätze zu schreiben.» Seine Antwort auf den Unsinn der Zeit war die Gründung des «Cabarets Voltaire» an der Spiegelgasse, über die er berichtete:

«Als ich das Cabaret Voltaire gründete, war ich der Meinung, es möchte sich in der Schweiz einige junge Leute finden, denen gleich mir daran gelegen wäre, ihre Unabhängigkeit nicht nur zu genießen, sondern auch zu dokumentieren. Ich ging zu Herrn Ephraim, dem Besitzer der ,Meierei', und sagte: ,Bitte, geben Sie mir Ihren Saal. Ich möchte ein Cabaret machen.' Herr Ephraim war einverstanden und gab mir den Saal. Ich ging zu der freundlichen

Zürcher Presse und bat sie: ,Bringen Sie einige Notizen, es soll ein internationales Cabaret werden. Wir wollen schöne Dinge machen.' Da hatten wir am 5. Februar 1916 ein Cabaret. Viel Unterstützung und Sympathie fand ich bei den Herren Hans Arp, Tristan Tzara, Marcel Janco und Max Oppenheimer, die sich gerne bereit erklärten, im Cabaret auch aufzutreten. Am 26. Februar kam Richard Huelsenbeck aus Berlin, und am 30. März führten wir eine wundervolle Negermusik auf (toujours avec la grosse caisse: boum boum boum boum – drabatja mo gere drabatja mo bonooooooooooo –). Und durch die Initiative des Herrn Tristan Tzara führten die Herren Tzara, Huelsenbeck und Janco (zum ersten Mal in Zürich und in der ganzen Welt) simultanistische Verse auf. Das kleine Heft, das wir herausgeben, verdanken wir unserer Initiative und der Beihilfe unserer Freunde in Frankreich, Italien und Rußland. Es soll die Aktivität und die Interessen des Cabarets bezeichnen, dessen ganze Absicht darauf gerichtet ist, über den Krieg und die Vaterländer hinweg an die wenigen Unabhängigen zu erinnern, die anderen Idealen leben. Das nächste Ziel der hier vereinigten Künstler ist die Herausgabe einer Revue Internationale. La revue paraîtra à Zürich et portera le nom ,Dada'.»

In dieser Erklärung vom 15. Mai 1916 ist der Name «Dada» erstmals dokumentarisch belegt. Was war der Dadaismus eigentlich? Schwer zu **Was die Dadaisten** sagen. Eine «Flucht aus der Zeit» einerseits und **wollten...** andererseits eine radikale Künstler- und Literaturbewegung, die in «Abwehr gegen den Kriegsenthusiasmus und aus Ekel vor verspießter Bürgerlichkeit» den Neubeginn, die Rückkehr zum kindlich Primitiven forderte. Der Name Dada, dessen Herkunft umstritten ist, weist auf diese kindliche Ursprache hin.

Von den Zürcher Literaten bekannten sich nur J.C. Heer und Fritz Glauser offen zu den Dadaisten. Von der Presse wurde die Bewegung igno- **...und wie man sie** riert oder ihre Bedeutung völlig verkannt. Der **verstand** Tages-Anzeiger erklärte: «Zum Glück erklären die Dadaisten selbst ziemlich unverhohlen, daß sie nur Schindluder treiben», das «Winterthurer

Tagblatt» ergänzte: «Wir lehnen diesen Bolschewismus in der Kunst so glatt ab wie den Bolschewismus überhaupt.» Ein amüsantes Bild von einer Dada-Soirée zeichneten die «Basler Nachrichten»:

«Man pfiff, schrie, warf kleine Geldstücke, Orangenschalen und Schimpfworte auf die Bühne und stampfte mit Füßen und Stühlen. Man muß trotz allem die Ruhe des Redners bewundern, der inmitten dieses Hagels und Lärms unbeweglich sitzen blieb, ja sogar zweimal versuchte, sich Gehör zu verschaffen, bis er schließlich mit einer nicht mißzuverstehenden verächtlichen Geste abzog, der er die Krone an Unverschämtheit aufsetzte, als er später, anstatt die im Programm angeführten ‚eigenen Gedichte' zu lesen (auf die man allerdings gern verzichtete), eine schwarze Kleiderpuppe auf die Bühne trug, ihr ein Rosenbukett zu riechen gab und es ihr dann vor die Holzfüße legte. Daß nach dieser unglaublichen Verhöhnung des Publikums es nicht zu Tätlichkeiten kam, ist wohl nur der allgemeinen Verblüffung zuzuschreiben... ein Skandal, von dem alte Zürcher behaupten, sich nicht erinnern zu können, jemals einen ähnlichen erlebt zu haben.»

Neben diesen Monstrositäten auf der Bühne an der Spiegelgasse und in der Galerie Dada über dem Café Sprüngli an der Bahnhofstraße ging das Leben in Zürich kaum weniger ungeheuerlich weiter. Zwar konnte der bereits beschlossene Abbruch der Schipfe für den Bau eines monumentalen, «den Lindenhof majestätisch überragenden städtischen Parlamentsgebäudes» nicht mehr durchgeführt werden, da es an Arbeitskräften fehlte. Was aber noch mehr fehlte, waren Lebensmittel. Während die Bahnhofstraße zum Treffpunkt internationaler Spione und Schieber wurde, litten die Zürcher Hunger. Die Demonstrationen gegen Teuerung und Wucher, gegen Hamsterer und Kriegsgewinnler rissen bald nicht mehr ab. Man suchte die Schuld bei den Reichen und den Behörden. **Demonstrationen und Arbeiterspaziergänge durch die Villenquartiere** An Sonntagen spazierten Arbeiterfamilien durch die Villenquartiere. 1918 demonstrierten die Zürcher Frauen vor dem Rathaus, und die Pazifisten defilierten durch die Bahnhofstraße. Die Illusion «vom kurzen Krieg»

machte einer um sich greifenden Depression Platz. Der Glaube an den raschen Friedensschluß hatte die schweizerischen Behörden – aber auch das ganze Volk – dazu verleitet, keinerlei Vorsorge für einen langen Krieg zu treffen. Es fehlte an Nahrungsmitteln aller Art; man hatte sich nicht die geringsten Vorstellungen darüber gemacht, wie sich die Familien der dienstpflichtigen Soldaten während längerer Zeit finanziell über Wasser halten konnten.

Ein Dichter vertauscht das Gewehr mit der Feder

Ein hochempfindlicher Seismograph für die Erschütterungen in jenen letzten Tagen der «guten alten Zeit» war der junge Dichter Karl Stamm. Er war, nachdem er sein Jugendwerk «Das Hohelied» verfaßt hatte, 1914 als junger Lehrer von Wädenswil nach Zürich gekommen und dort bald militärisch eingezogen worden. 1917 brach er an der Grenze psychisch und physisch zusammen. Nach langen Krankheitsmonaten kehrte er nach Zürich zurück, um das Gewehr mit der Feder zu vertauschen.

Die spanische Grippe

Als November 1918, im letzten Kriegsmonat, die spanische Grippe ausbrach, fehlten bei der Bevölkerung die natürlichen Widerstandskräfte. 200 000 Kranke und 900 Todesfälle wurden allein in der Stadt gezählt. Alle Versammlungen, Theatervorführungen, Festlichkeiten, Gottesdienste und Leichengeleite wurden untersagt und die Schulen geschlossen. «Wir haben lang in harter Zeit den Leib und auch den Geist kasteit», schrieb Stamm damals.

11.–18. November 1918: Landes-Generalstreik!

Aber genug war nicht genug! Am letzten Tage des Krieges wurde der Landes-Generalstreik proklamiert. Die von Lenin in Zürich vorbereitete und in Petersburg angeführte russische Revolution hatte auch bei einigen Schweizer Linkssozialisten die Hoffnung auf einen Umsturz geweckt. Ausgelöst wurde der Streik durch ein auf Betreiben des Zürcher Regierungsrates erlassenes Truppenaufgebot. Tatsächlich war die Lage in Zürich aufs äußerste gespannt und die Stadt von Unruhen bedroht. Das Kriegsgewinnlertum radikalisierte die Arbeiterschaft. «Jeder Idiot kam zur Geltung, wenn er nur kaufen und verkaufen konnte. Man sah Leute, die gestern

159

kaum anständige Hosen und noch den Kopf voll
Läuse gehabt hatten, am andern Tag mit schwe-
ren Pelzen und kostspieligen Mätressen am Arm.
Diesseits der Sihl wurden die Leute reicher mit
jedem Tag, jenseits wurden sie ärmer.»

In seinem «Aufruf an das arbeitende Volk!»
warf das «Oltener Aktionskomitee», das in
Zürich am meisten Anhänger hatte, dem Bundesrat vor, er sei unfähig, der Zeit und ihren Bedürfnissen gerecht zu werden, und forderte die
Umbildung der Bundesregierung «unter An-
passung an den vorhandenen Volkswillen». Auf
dem Münsterhof fielen Schüsse.

In einem Brief an eine befreundete Familie
schrieb Karl Stamm: «Gottlob habt ihr mich bis
zur Stunde noch nicht im Tagblatt entdeckt, und
so will ich euch mitteilen, daß ich bis heute von
der Grippe verschont blieb. Bewegte Tage liegen
hinter uns. Gott sei Dank, daß der Krieg zu
Ende ging, es ist noch Übles genug in der Luft.
Beim Generalstreik wird es bei Euch wohl ruhig
gewesen sein, namentlich, da keine Bahn verkehrte. Ich verzog mich über jene Tage nach
Wädenswil, wo ich dann allerdings 6 Tage bleiben mußte, was ich zwar nicht bereue, ging es
doch an jenem Sonntag auf dem Münsterhof
ziemlich böse zu. Zwei Dezimeter neben meinem
linken Fenster ist der Einschlag einer Kugel,
auch zählt unser Haus noch ein halb Dutzend
Treffer, das angebaute hat sogar über zwanzig.
Die Leute in unserem Hause flüchteten sich in
die Gänge, da sie in den Zimmern nicht mehr
sicher waren. Nun ist die Geschichte gottlob
vorbei und wieder Ruhe eingekehrt. Am Montag nehmen wir den Unterricht wieder auf, gottlob, darum besonders, weil ich dann wenigstens
ein paar Stunden im Tage an der Wärme bin,
denn bei uns heißt es doppelt sparen mit Brenn-
stoff.»

11. November 1918: Am 11. November 1918 war der Krieg zu Ende,
Die Waffen ruhen am 14. November kapitulierte die Streikleitung.
Die Notwendigkeit sozialer Reformen wurde
vom Bundesrat anerkannt. Noch im gleichen Jahr
wurden die von den Sozialisten begehrten Pro-
porzwahlen und bald darauf die vom Oltener

Komitee geforderte Achtundvierzigstundenwoche
eingeführt.

In Zürich erschien einen Monat nach der Waf- **«Der Aufbruch des**
fenruhe Karl Stamms kleines Gedichtbändchen **Herzens»**
«Der Aufbruch des Herzens» mit dem «Gebet
des neuen Menschen»:

Du gib uns eines neuen Tages Sein!
Erwürge, Gott, uralte Lebenslist,
die meinen Nächsten mir zum Feinde schafft,
daß er, erniedrigt, erst mein Bruder ist.

Ich bin mein Weg. Er geht nur über mich.
Will tragen der Entsagung strengen Bann,
will meinen Nächsten lieben wie mich selbst.
Doch gib, daß ich mich selber lieben kann.

Das Büchlein, das Stamm seinen Seminarfreun-
den Konrad Bänninger, Eduard und Max Gubler
auf den Weihnachtstisch legte, trug als Erschei-
nungsdatum bereits die Zahl 1919, das erste
Jahr nach dem letzten möglichen Krieg.

Im kommenden Frühling, als die Streikleiter **Im kommenden**
eben vor Gericht standen, unter ihnen der spä- **Frühling...**
tere Stadtrat und Bundesrat Ernst Nobs, er-
krankte Karl Stamm an der Grippe. Er ver-
lobte sich im Krankenhaus und starb am ersten
Frühlingstag. Eine Woche später wäre er neun-
undzwanzig geworden.

Der expressionistische Dichter Karl Stamm, der
mit Georg Trakl verglichen werden kann, gehört heute zu den Vergessenen. Ein großer Teil
seiner Bücher wurde vom Verlag, der seither
eingegangen ist, eingestampft. Der Antrag auf
eine Gedenktafel am Hause Münsterhof 17, wo
Stamm gewohnt hatte, wurde abgelehnt.

Und Zürichs «Belle époque», die mit dem
Dadaismus und dem Generalstreik zu Ende
ging? Sie ablehnen hieße unsere Gegenwart ablehnen. Damals begann, was heute unsere Welt
ausmacht: Erfreuliches und Unerfreuliches. Ver-
wirklichte Träume sind keine Träume mehr. Das
menschliche Leben besteht noch immer aus
haben und sein. Wobei uns die erste Person
Einzahl weitaus am geläufigsten ist.